凶

安 久 夫 人 著

「人生是一場未知的旅程，有人漫步走到了終點，也有人意外提早離席。
願曾經歷創傷悲慟的，早日走出陰霾，也期盼不幸逝去的，結束世間磨難，
開啟下一段新的旅程。」

僅以此書，獻給陪伴守護我16年人生的醜弟與甘甘。

目次

第二部【桃竹苗篇】

第三部【宜花東篇】

附錄

【報你知】

推薦序——

寧問蒼生，不問鬼神

莊勝鴻（前《蘋果日報》執行總編輯）

每個凶案都是社會問題的縮影，
是社會感染疾病後顯現的病灶，
這社會還有很多人在絕望邊緣掙扎求救，
你聽到了嗎？

去年初行經一處鄉野小徑，同行的安九說這小鎮曾發生一起同僚霸凌虐殺的凶案，「不知現在變成怎樣？」爲了一探究竟，我們驅車進入小鎮，十多年前那個人口稀疏的街道變得喧囂繁華，放眼田園盡是搶建的別墅。

「應該是這條路。」安九指著一條縣道，用手機秀了一張照片，那是一張住宅外觀的局部照，看起來是個普通的公寓騎樓，晦暗的門口有著鄉間透天常看到的綠色鐵柵門，外牆的淺綠色二丁掛看不出絲毫特徵。我們憑一張照片去找案發地，從縣道起點行駛到路底，兩側數不盡的住宅加上沿途的岔路巷弄，感覺像在大海撈針。

「這路房子那麼多，應該找不到。」正準備放棄離開時，安九指著一旁的岔路：「去那邊看看。」我停了車延著岔路走去，看到遠方有排公寓，但跟安九出示的照片似乎不太一樣，我走到那排房子前隨手拍了一張照片，心想「就用這張照片打發她離開」。

回到車上安九比對照片後，喃喃自語：「這綠色的鐵門、綠色的磁磚，還有旁邊的窗戶……就是這裡。」

記者在現場除了帶回採訪內容外，也會帶回各種非科學的鄉野傳聞，我聽到記者談論這些時總覺是無稽之談，然隨手拍的一張照片就是案發地，讓我無法置信，但我也只能說服自己完全是巧合。

20年前，台灣故意殺人案件進入高原期，並在2002年達到高峰，那年的案件數就高達1156件，被害人數也多達1485人；2003年《蘋果日報》創報，故意殺人案件雖略低前一年，但也有1057件、1409人被害。直到2010年，每年被害人才降至千人以內，往後幾年則緩步下降，到2015年每年受害人終降至6百人內，而2020年之後則降到3百人左右。

那些年各種凶殘、讓人想像不到的凶殺案不斷發生，這些案件可能因財務及感情糾紛、或者各種因素產生的怨恨引起，而發生地點則以住宅中居多。

每個悲劇的社會成因都混合著複雜因素，什麼原因讓他們走到了這一步？很少人探究。每隔一段時間總有媒體僞善地用斗大標題寫著「這社會怎麼了？」但實際上很少有人眞的想知道，因爲吸引目光的往往是各種熱門關鍵字，唯有案件發生後，被害者以悲劇的型態展示在世人面前時，人們才願意稍微將注意力轉移到社會結構的探究上。

作者安九夫人關注這些案件時，總想探尋這些案件背後那些讓人感到沉重的故事，加害者與被害者在不同社會情境及情緒控制等因素，產生了相同的結果，她更意識到過去有很長的一段時間，人命變成社會安全網的警報器，非得用人命才能喚醒一絲的注意。

每個凶案都是社會問題的縮影，是社會感染疾病後顯現的病灶，這社會還有很多人在絕望邊緣掙扎求救，你聽到了嗎？

推薦序

令人毛骨悚然的鬼故事集錦

杜聖聰（銘傳大學廣電系主任）

安九夫人筆力深厚，
對於凶宅靈異事件刻畫入微，
建議不要在深夜裡獨自閱讀。
但我們要問的是，爲什麼會發生這種社會案件？

有幸閱讀到安九夫人的《全台凶宅打卡》，直接浮現的是兩種感覺。其一，這是非常深刻的社會寫實新聞，背後故事發人深省；其二，這是令人毛骨悚然的鬼故事集錦，建議不要在深夜裡獨自閱讀。

書中三個案例，令人觸目驚心。

2008年新竹芎林午夜溶屍案，恃強凌弱的潘姓工人等人將被害者霸凌致死，後用工業鹽酸毀屍滅跡，事後凶宅客廳不時傳來斷斷續續的拍打聲、尖叫聲，「往生者心有未甘，仍要用最後一絲微弱力氣，努力地向外界求援。」同年，是花蓮吉安鄉發生的恩將仇報事件。女尼好心收養孤女多年，卻被她夥同男友殺害。恩將仇報事件發生後，附近午夜傳出陣陣木魚敲經聲；2013年彰化「日月明功」教主夥同教眾對被害者公審毆打18天致死，事後附近莊園深夜時有吹狗螺的異狀，甚至出現大量詛咒冥紙，疑似是想為往生者申冤。

作者安九夫人筆力深厚，對於凶宅靈異事件刻畫入微。但我們要問的是，為什麼會發生這種社會案件？從風水角度來說，所謂的凶宅應該是指，絕命位、五鬼位、六煞位和禍害位。其中，絕命位氣場凶惡乖戾；五鬼位氣場凶暴狂亂；六煞位氣場淫蕩邪惡；禍害位氣場腐蝕人心。一旦先天結構不良，加上後天人謀不臧，靈異事件頻傳也就在情理之中。

個人以為，這些凶宅特徵在案發現場應該可以逐一檢視。更重要的是，人。

從佛家「貪、嗔、癡」三毒來看，加害者都有物慾貪婪，求名求利的念想讓他們妄動無明、憤怒異常；至於「癡」者，究其根源在於「不明白事物道理」，讓加害者做出各種乖張行爲。人們在世間都有慾望，飽受三毒煎熬而不斷輪迴，偏偏又身處凶宅的風水絕地，於是就出現書中各種憾事。

讀完這本書的心得是，人們如果不能求得大自在，制伏貪嗔癡三毒，就只能在命運既定的軌道飽受輪迴之苦。另外，還是要花些心神留意風水絕地的刑剋。或許，有些人高舉「福地福人居」的信念，但衆人皆苦於貪嗔癡三毒未盡，有福之人既要修心廣植福田，也要兼具風水常識，才不會害人害己。

序——一個說故事的人／安九夫人

每個人都有自己的喜好，而我的興趣，就是研究命案與蒐集愛馬仕包包，近乎執著的熱愛。

印象中，從小學三年級開始，每天最開心的事，就是拿著剛送來的報紙，翻閱社會事件，尤其是命案，總是看得無法自拔。媽媽對於我這種異於正常孩童的行徑，總是有點憂心，而這習慣持續到大學，我仍鍾情於社會命案，但父母已見怪不怪，媽媽只是感嘆：「如果妳用這種精神去念書，我看應該能上哈佛大學。」

我人生裡熱衷的另一件事，就是愛馬仕的包包。幸運的是，到《蘋果日報》上班的第二年，我跑去排 waiting list，半年內就拿到了凱莉包，更早之前，也曾透過代購，買入了人生中第一個柏金包。當年我是月光族，柏金包是媽媽借錢給我買的，凱莉包則是爸爸送我的珍貴禮物。

在學校畢業進入社會後，理想中的工作，就是花費最少力氣，獲得最大效益，做著自己擅長與喜歡的事，最後我決定，以採訪記者做爲求職目標，有這樣的想法，純粹是因當時自覺很會聊天又愛發問、寫稿不算太慢、及擁有超乎常人的好奇心。

就這樣，在媒體歷經了影劇、時尚、生活、文化、財經等路線後，2003年，我終於走到了社會線這條「正途」，完全符合自幼熱愛研究命案、與（變態）殺人案情的特殊嗜好，自此也展開了拎著愛馬仕包包跑新聞、寫命案與背後故事的社會記者工作。

隨著年歲增長，不知何故，我就被尊稱爲「夫人」了。回首來時路，我也從最早在稿紙上振筆疾書、後來用電腦桌機敲鍵盤寫稿，一路走到了隨身帶著筆電就地趕稿，而紙本媒體早已進入網路時代。

有人說媒體是夕陽產業，有別於早年的記者受人敬重、薪資穩定，現今已變成「少時不讀書、長大做記者」的貶値勞工；但我相信，世間總有一些是不變的，如果內容精彩、有所啟發，應該就有讀者願意青睞，如今，我不做記者了，那就做……一個說故事的人吧。

進入《蘋果日報》工作，算是人生中的重大轉變，而這裡，讓一切都變成可能。蘋果是多變的，總是走在台灣媒體的趨勢前，做出許多不同嘗試，有成功的、當然也有失敗的。

在蘋果近18年的職涯中，我做過寫手和記者、做過專題和踢爆、做過小編和主管，甚至還拍過恐怖片。其中，最喜歡的就是負責「凶宅打卡」單元及「顫慄檔案」系列短片。有些人認爲這是不務正業，但我說，在蘋果工作，人生就擁有更多的可能性，感謝蘋果。

2014年3月10日推出的「凶宅打卡」專欄，隨著每週固定刊出，這個原本沒什麼人看好的單元，後來居然點閱率大增，讓負責這個專欄的我頗有成就感，畢竟內容涵括了凶宅、命案、人性等要素，甚至還有些許靈異，算是一個挑戰，也是一份責任。

後來這個單元，竟一路出刊出到了2018年的春天，整整4年時間，當時在蘋果算是十分長壽的專欄了，也很感謝那段期間所有支援的辛苦同事們。

從開始到結束，「凶宅打卡」匯集了2百多篇個案，後期還加上畫龍點睛的動畫影片，可惜《蘋果日報》結束後，這些資料與影音幾乎消失殆盡。所幸，時報出版願意給我這個機會，將部分精彩的單元，以及新加入的個案，透過文字與圖像，原汁原味，重現於喜愛蘋果凶宅打卡的讀者眼前。

《全台凶宅打卡》除了重新整理並改寫原本驚悚的案情故事，內容還新增了工作時的一些經歷與小故事；書內主要以地區、地標劃分，每個部分都精選了數篇個案，還特別收錄了「凶宅報你知」小知識。

對於我而言，處理這些命案故事時，除了看到膽顫心驚、令人深感殘忍與遺憾的情節，從案情中，也望見了潛藏於表象之下的真實人性，試想如果加害者（或受害者）換成是我，或我遭逢相同的處境時，又會如何反應與選擇呢？希望您也能從中，體悟到不同的感受與想法。

所以，準備閱讀這些故事的你們，請打開燈、關好門窗、保持手機暢通，如果有需要，護身符放在身邊，讓我們一起開始進入以下的凶宅打卡……

第一部

雙北篇

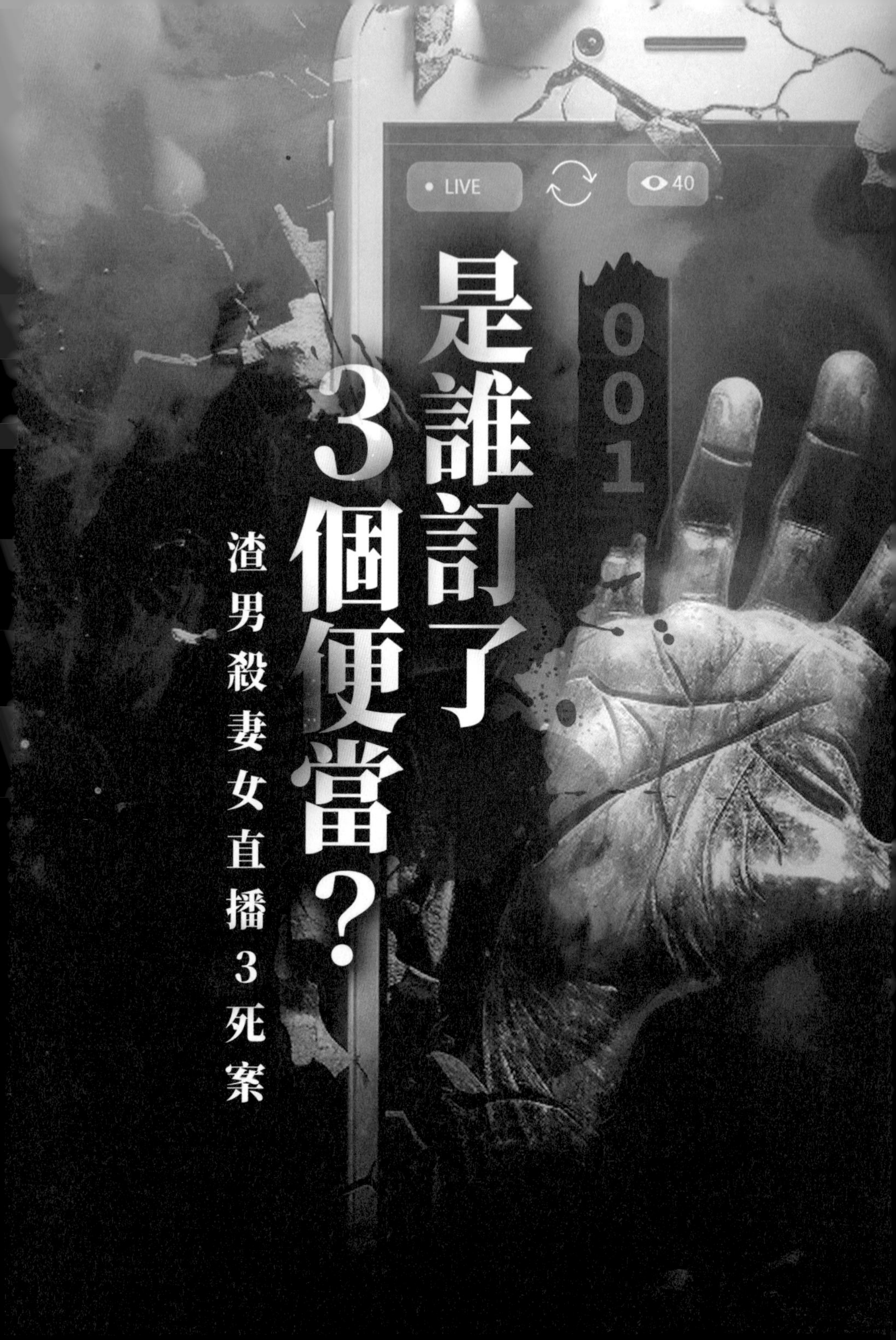

是誰訂了3個便當？

渣男殺妻女直播3死案

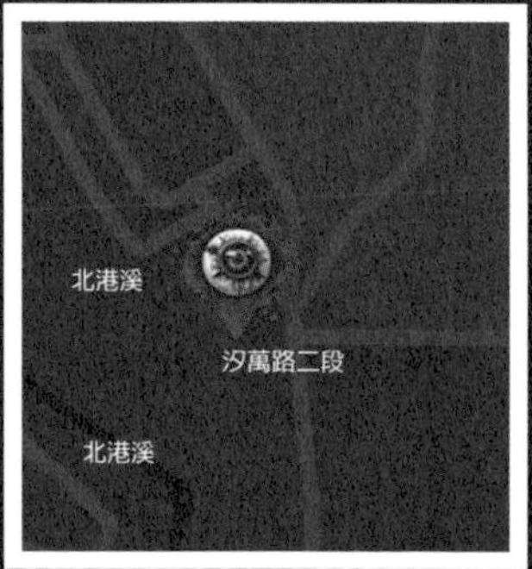

凶宅小檔案

打卡編號：001

案發地點：新北市汐止區

案發時間：2006 年 4 月 11 日

建築類型：社區集合式 15 層大樓

凶宅編號：001

是誰訂了3個便當？渣男殺妻女直播3死案

基於人性，雖然是小衆，世界上就是有人偏好看、聽凶殺案新聞與靈異故事，但是如果，如果這些情境就發生在你身邊，你還會隔岸觀火般地處之泰然嗎？

一開始在處理「凶宅打卡」時，我最頭痛的就是找案子，基於保護受害者，選擇限制頗多，因此每次搜集了資料，就不忘詢問周遭同事的意見，某天，我在報社內又依慣例進行案件的過濾與諮詢，卻突然發現，其中一個女同事，聽完我所描述的個案後，臉色慘白神態不安，原來……

這是一個關於狠毒丈夫爲了小三殺害妻女的三死命案，案發地點位在新北市汐止區一個青山綠樹環繞的著名社區，巧合的是，那位女同事曾經住在命案現場的正下方單位，而隨著凶宅打卡的再度查訪，許多當初她不解的謎團，似乎都有了答案。

這起血案發生在該社區其中一棟大樓，外遇的老公爲了維護姦情，狠心殺害結褵13年的髮妻及兩名13歲、9歲的女兒，過程中還用手機將殺人實況直播給小三聽，或許死者的怨念難以平息，案發之後，當地就不時發生離奇的事件。

命案的凶嫌是從事廚具設計的已婚張姓男子（當時39歲），他與社區內打麻將認識的鄰居蘇姓女子，自案發前兩年起便有了婚外情，不過，這段姦情不久就被張妻察覺並捉姦在床，張妻也將此事告知蘇女的丈夫，蘇女因而離異失婚，對張妻懷恨在心。

而張妻在夫妻感情決裂無法挽回後，決定訴請離婚，並爭取女兒們的監護權，也要求丈夫支付每個月3萬元撫養費、及150萬元贍養費，蘇女知悉後新仇舊恨湧上心頭，便用分手要脅張男殺害元配，起初張男一再敷衍拖延，後來拗不過小三吵鬧，於是展開了謀殺計畫。

2006年案發當天凌晨，婚變後已離家與小三在外同居的張男，悄悄地回到了社區住處，以繩梯從頂樓垂降至住家後陽台，走入屋內後，用沾滿乙醚的毛巾摀住熟睡中的妻子口鼻，待其昏迷再拿枕頭重壓頭部，讓妻子窒息身亡，接著又殺害了兩個年幼女兒，最後，他開啟廚房的瓦斯，將命案現場佈置成瓦斯中毒的假象。

而在作案時，張男爲了討好小三，還使用手機去電蘇女，全程報告整個殺人的實況經過。由於張男犯案心思縝密，事發後此案一度被認爲是苦命媽媽想不開，帶著兩名稚女開瓦斯自殺。直到命案過去兩年多，檢方重啟調查，眞相才水落石出，張男與蘇女終於落網，但離奇的事情就發生在破案前夕。

社區警衛曾向前來採訪的記者透露，破案前三天，社區附近有一間便當店，接到了一名女子打來的電話，表示要訂三個便當，而便當店員工送來時，他一時也沒多想，就開門讓對方送便當上樓，當時店員不斷按門鈴，屋內都無人回應，只好下樓請警衛代收。

「但我仔細想想，突然想起來，頂樓那戶是凶宅呀！」警衛說看著眼前的便當，霎時心頭一驚，於是他和便當店店員再確認了一次，卻發現送餐的地址無誤，就是那一戶沒錯，警衛說：「當下我頭皮整個發麻，只好先請店員離開。」

不過，事後警衛也很懊惱，認爲那可能是破案的徵兆，當初應該代爲收下三個便當，放在門口祭拜被害人。警衛還說，當時同事值班時也遭遇過類似狀況，曾有披薩店業者突然送披薩到這間凶宅，同事還訝異地問：「你們地址是不是抄錯了？那一家沒人住，已經空了兩年多了。」

檢方與死者家屬，也都曾經遇過死者張妻托夢，強調自己並非自殺身亡，而是被丈夫所殺害。甚至連當時參與辦案的警官，也曾兩度夢見三名死者的影像。

安九的女同事，同樣也經歷過一些奇怪的狀況，來自外地的她在不知情下，當年曾租屋住在凶宅正下方，由於報社工作時間的關係，每天都是凌晨時分下班，她說自己始終記得，每次開車返家時，走在地下停車場與身處電梯內時，「我老是覺得四周有冷風吹過，涼颼颼的，就算在炎熱的夏天，也是一樣，身體會莫名地一直起雞皮疙瘩。」

此外，女同事也聽見，在空無一人的樓梯間，不時傳出咻咻嘶嘶的詭異聲響，檢查半天也找不到原因，在她搬離該處前，管理員才淡然地問：「妳知道妳的樓上曾經發生過命案嗎？」但也沒再多說什麼。

直到聽見安九爲了「凶宅打卡」詢問意見，女同事聽到案發地點，方才恍然大悟，當時租屋樓上發生的命案，就是這起母女三死慘案，她說：「我住了一年多耶！現在回想起來，當時的不解之謎原來是有原因的。」

當時有住戶也告訴蘋果記者，曾目睹那名死去的母親牽著兩個女兒在社區內踱步，甚至在夜深人靜時，案發處頂樓不時會聽到孩童騎三輪車的聲響；另在記者查訪時，警衛亦補充提到，有段時間該戶被租給了一位工程師，「我們事先都有告知提醒，但他說自己是學理工的，不信邪。」哪知工程師住了一陣子，健康就頻頻亮紅燈，精神也深受影響，最後只好辭去工作，退租返鄉休養。

問心無愧

媒體有云，新聞貼身才有人看，安九夫人說，凶宅如果太貼身，儘速搬走爲上策。

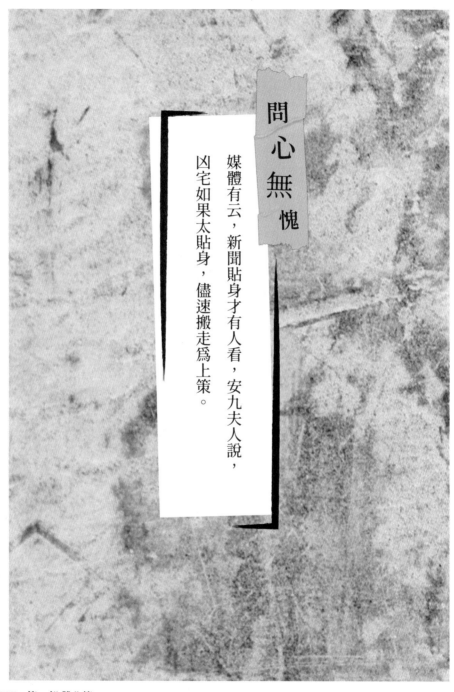

002

死者突然睜開的雙眼

紅衣女陳屍賓館浴缸之謎

凶宅小檔案

打卡編號：002

案發地點：台北市西門町

案發時間：2006 年 10 月 3 日

建築類型：商業大樓內賓館

凶宅編號：002

死者突然睜開的雙眼
紅衣女陳屍賓館浴缸之謎

在社會突發新聞中，命案爲數不少，有命案就會有屍體，因此安九的記者同事們，基本上都具備了比一般人更強大的膽量，就算你原本很膽小，只要在我們單位能生存下來，最終，也會變得膽大心細。

曾有大學甫畢業的新鮮人，強調自己不想繼承家業，想在新聞媒體圈一展抱負，所以前來應徵記者，面試時侃侃而談工作理想，報到當天領取筆電、攝影器材後，就被帶去分配的轄區待命，當晚剛好發生一起命案，資深老鳥便帶著新鮮人前往現場採訪見習。

哪知隔天一大早，新鮮人就跑來報社繳械，表示經歷前一晚的「震撼教育」後徹夜難眠，無法承受現場的血腥味與懾人景象，幾經掙扎，最後還是決定不再違背父母，乖乖回家繼承家業。

某次安九更見到，一個新人報到後才領完配備，在社內用電腦瀏覽前輩們的「命案現場」攝影作品，等著老鳥來帶人，但不到一小時，便起身表示突然不舒服，頭皮發麻、反胃想吐，有被煞到的感覺，隨即繳械請辭返家。

總之，社會記者的工作除了熱情，還需要膽量，撐得過半年，通常就能繼續下去。

以下是一名菜鳥記者的親身經歷，當年安九擔任他的主管，聽到這段無法解釋卻身歷其境的離奇遭遇後，連忙要他詳細敘述整個經過，作爲我的凶宅個案題材，可能當初情境太過恐怖，以致他描述時仍感畏懼不安，口吃連連。

這個眞實故事發生在台北市西門町，當地因交通便捷、人潮聚集，賓館與旅社不少，2006年10月，在西門町的一間賓館內，發生了一起女子自殺事件，菜鳥記者當時到職不久，接到報社指令便急忙趕往現場進行採訪拍照。

自殺身亡的女死者，當年28歲，外貌姣好，案發前投宿於賓館的203

號房，10月3日，被發現割腕陳屍在浴缸內，怵目驚心的是，女子死亡時身穿鮮紅色內衣褲，雙手十指擦了大紅指甲油，臉上還塗抹了紅色眼影與唇膏，由於現場遺有抗憂鬱藥物與啤酒，死者也留下因長期失業很心煩的字句，第一時間被認爲是單純的酒後抑鬱自殺。

菜鳥記者表示，當他騎機車趕抵現場時，樓下只有正在處理的警員，其他媒體與葬儀業者都還沒到，面對詢問，警方僅透露，是一名酒醉的女子想不開，在浴缸割腕放血，被發現時已斷氣。

當時一名老警員還好心叮嚀：「很難看啦！不要進去，大家都先下來了。」由於必須拍到現場照片，菜鳥記者仍硬著頭皮步上了4樓賓館進入現場。

菜鳥記者說，他記得案發房間內的日光燈，當時不知何故閃爍不斷，放眼室內，地毯破舊翻起、牆壁潮濕斑駁，氣息沉悶，令人有種窒息感。他小心地躡足走近浴室，瞄了半掩的門內，就瞥見浴缸裡滿是染紅的血水，一名僅著紅色內衣褲的女子半躺其中，「我當下聯想到，民間傳說穿紅衣自殺的人，都是滿懷怨恨，希望死後能復仇的。」

面對眼前猶如恐怖電影的場景，他雖忐忑，但想到主管的指令與嚴厲表情，怎樣都得硬著頭皮進去，「我只想快點拍完離開。」孰料正當他拿起相機按快門連拍的剎那，從相機觀景窗中，卻驚見死者軀體突然下滑，頭部牽動一偏，竟轉爲正面對著他，雙眼倏然睜開、怒目相視。

菜鳥記者說，當場一股涼意直灌腦門，「我轉頭就想跑，浴室門本來是開的，但這時卻被關上，喇叭鎖怎麼也打不開，我只好閉緊眼睛一直念阿彌陀佛。」此刻他尷尬地發現，內褲竟已濡濕，尿液沿著顫抖的兩腿流進了鞋中。

在雙腿發軟、受困驚恐之餘，菜鳥記者只能跪地繼續念佛號，並不停低聲道歉：「對不起對不起！這是我的工作，我不是有心打擾您，眞的很抱歉，要是有冤屈，我願意幫您轉達。」說也奇怪，話才講完，喇叭鎖便啪搭地鬆彈打開，菜鳥記者也立刻拔腿衝出浴室，卻隨即又被房內翻起的地毯絆倒。

當時菜鳥記者抬頭急欲爬起，突然望見床下散落了一堆撕碎的情侶照，還有一些玻璃碎片。逃離現場後，他將此事告知警方，經查發現這名容貌美豔的死者，曾是某位已故名人H的衆多女弟子之一，兩人還留有合影，透過監視器畫面，警方查出，案發前一晚，有個男子曾進出203號房。

警方之後找來這名男子，經查證實其爲死者男友，男友指出，當晚女友提起想赴日工作，他因反對撂下分手的狠話，雙方爆發爭吵，在激烈衝突後，自己負氣摔門而去。這起案件因菜鳥記者發現的訊息，讓警方追出死者尋短原委，從起初的酗酒抑鬱割腕，最後被研判是感情受重創，萬念俱灰憤而自殺。

菜鳥記者當時在講述完後，儘管事隔多年，仍心有餘悸，他說：「後來想想，死者應該不是要嚇我，而是有事想告訴我吧！」冥冥之中，或許自殺身亡的紅衣女子，也希望藉此方式傳遞告知自己割腕尋短的眞正動機。

問心無愧

這故事的後續有很多人問，那後來呢？後來，菜鳥記者就先回家洗澡換內褲了呀！不然勒。

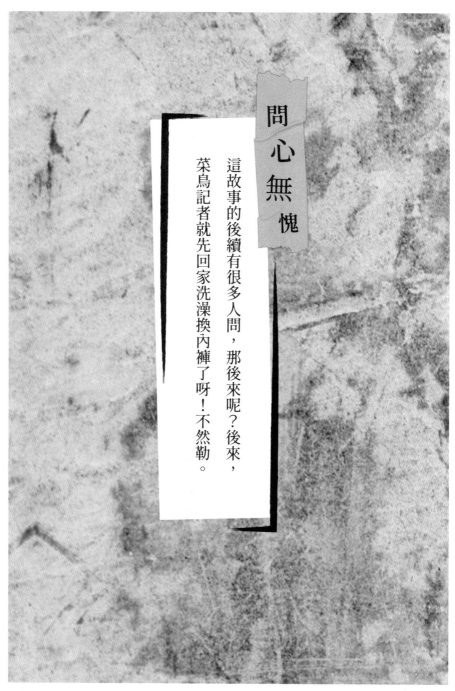

003

男廁中的女子哭泣聲

狠兄謀財殺親妹醃頭案

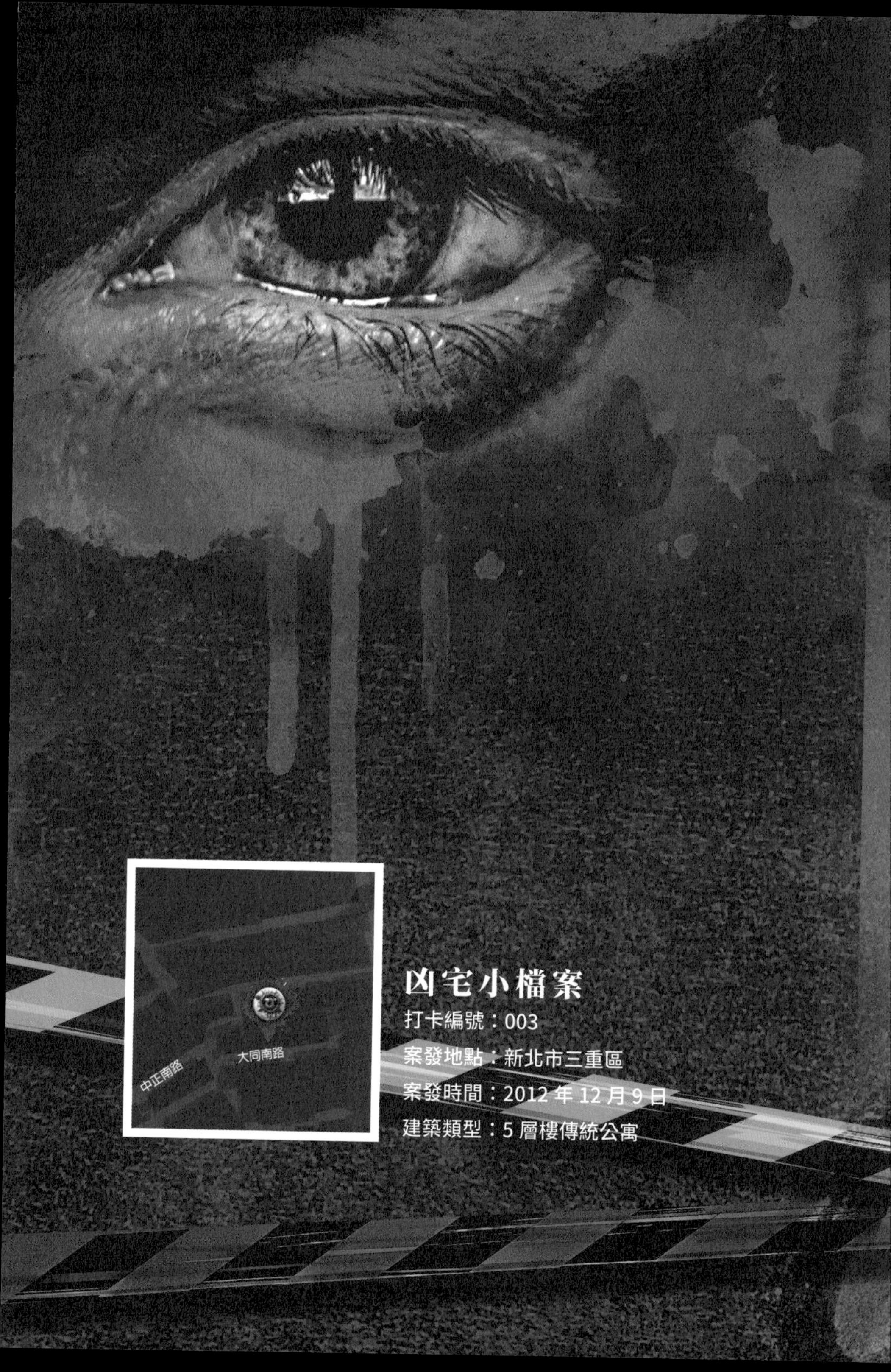

凶宅小檔案

打卡編號：003

案發地點：新北市三重區

案發時間：2012 年 12 月 9 日

建築類型：5 層樓傳統公寓

凶宅編號：003

男廁中的女子哭泣聲
狠兄謀財殺親妹醃頭案

夜深了，公廁裡卻隱約傳出女子嗚咽的啜泣聲，走近仔細聽，哭聲戛然而止……

2012年12月，新北市三重區發生了駭人聽聞的醃頭案，一名廚師爲謀取保險金，將親妹妹勒昏後斬首分屍，再用粗鹽包覆冰存，最後帶著醃漬的頭顱南下，棄置在嘉義縣水上鄉一間公共男廁內。隨之而來的，當地開始傳出了「公廁鬼故事」的傳聞。

記得當年，這起命案在警方研判凶嫌是死者的親二哥後，安九單位的主管便緊急派遣同事前往福建，查訪凶嫌的劉姓陸配，同事一接獲指令，馬上衝回家拿護照與簡單衣物，趕往機場搭機，同天傍晚就抵達當地尋人、採訪，對比現在網路新聞抄抄寫寫，安九覺得，昔日做記者必須眞的要「腳踏實地」，著實比較辛苦，好了，我們回到「醃頭案」。

2013年3月中旬，新北市三重區大同派出所突然收到一封匿名信，內容寫著「陳XX的屍體在嘉義水上農會旁兩百公尺外的公園男廁裡，我沒辦法處理，請好心人幫忙。好心人留。」警方通報後循線追查，果然在水上鄉當地公用男廁中，找到一顆女子頭顱，經確認死者是住在新北市三重區的陳姓女子「阿慧」。

令警方訝異的是，在調查過濾後，死者的親二哥陳佳富（當時36歲）涉有重嫌，陳男當時在一間連鎖自助餐店擔任廚師，平時只有他與胞妹阿慧（35歲）兩人住在新北三重老家，阿慧外貌秀麗，但領有中度身心障礙手冊，平時仰賴低收入戶等相關補助、及居住他處的母親資助度日，由於智能障礙，她常向鄰居、路人索討香菸或零錢，甚至會被陌生異性佔便宜，這些都讓同住的陳男反感嫌惡。

陳男當時正準備迎娶中國籍劉姓妻子，急需籌錢打點新婚事宜，但身上沒多餘的存款，廚師收入又不敷使用，便將歪腦筋動到親妹妹身上，從2011年起，他便陸續替阿慧保了總共6百多萬元的保險。

２０１２年12月９日傍晚過後，陳男在家伺機勒昏殺害了妹妹，將其肢解分屍，還砍下頭顱，凶嫌因身爲廚師，熟知醃漬防腐的原理，於是用２公分厚的粗鹽裹覆醃漬頭顱，放進家裡冰箱保存，其餘殘骸，陳嫌將部分肉塊、臟器用絞肉機絞碎，加水攪拌後透過排水孔排出、或倒入馬桶沖走，企圖毀屍滅證。

不過，就在陳嫌作案隔天上午，住樓下的鄰居便發現自家浴室內浴缸、洗臉檯、地面等處的排水孔，詭異地大量冒出腥臭、濃稠的油狀液體，還混雜著綠豆大小的肉末與肉泥，鄰居清理打掃後，清出的穢物竟有兩個臉盆之多。

鄰居回想，稍早聽聞樓上傳出絞肉機運作聲，還有浴室與馬桶斷斷續續的沖水聲，氣得上樓理論，不過，３樓的陳嫌應門後矢口否認，將責任推給其他住戶。打發走樓下鄰居後，陳嫌唯恐東窗事發，便中斷了後續處理，剩餘的殘骸迄今仍不知去向。

陳母因阿慧失蹤多日，擔憂之餘報警協尋，但殊不知女兒早被兒子殺害了，而陳嫌爲詐領保險金，必須讓胞妹的死訊曝光，２０１２年３月13日凌晨４時多，他帶著包好的頭顱騎車到台北車站，變裝搭乘清晨的莒光號南下嘉義，再坐計程車到水上鄉，徒步3公里走到一間宮廟後方的男廁，將頭顱棄置在水箱上後離去。

陳嫌還寄出手寫的字條給警方，告知頭顱位置與死者身分，這起命案因此曝光，不過檢警清查後，隨即發現死者的二哥陳男涉有重嫌，而案發當月月底，陳嫌剛娶進門的陸配也透露，那段時間老聞到陳家屋內瀰漫著腐敗惡臭，一度想大掃除，不料卻被丈夫痛罵，案發後雖無法置信丈夫為財謀殺了小姑，但她擔憂自己亦遭滅口，連夜打包後搭機逃回老家福建。

詭異的是，陳嫌棄置頭顱的男廁，此後不斷傳出靈異事件，有民眾繪聲繪影地說，曾不經意撞見男廁中有白衣女子出沒，一轉眼就消失無蹤；也有人在寂靜午夜，聽到廁所中傳出女子淒慘的嚶嚶哭聲，但只要走近，嗚咽就倏然停止。更有當地人表示，自從發現死者的頭顱後，廁所附近的狗群經常無端吹狗螺，「一連三天，真的不太正常，也很恐怖！」

這些傳聞令鄰近廟方不勝其擾，在地居民也人心惶惶，甚至出現心理障礙，沒人敢去如廁，公廁為此封閉達半年。最後廟方只好拆掉老舊的廁所，配合景觀稍作移動重建，這些耳語才慢慢平息。

爲拿保險金殘殺親妹的陳男，在母親一再求情下，法庭顧念陳家老母親已失去女兒，不忍她再失去兒子，加上陳嫌平日對待母親堪稱孝順，最後判處無期徒刑定讞。對於此案，安九覺得雖然血濃於水，但人性中的貪婪恐更甚於親情。

最後聊聊在蘋果跑社會線，遇有重大新聞需赴外地或出國，近程一般都要求當天抵達，遠一點的案發地點最晚隔天必須到，因此主管經常耳提面命，我們最好能隨身攜帶護照、身分證，記得曾有同事出國採訪，飛抵當地時已是凌晨時分，只能在機場椅子上打個盹，天一亮便趕往現場進行採訪，所以蘋果的社會記者工作時，幾乎都是機動待命，隨時 stand by。

問心無愧

社會突發新聞的工作要求，
首重速度，不是抄資料的打字速度，
而是趕抵現場的速度，最好能比警消更早到。

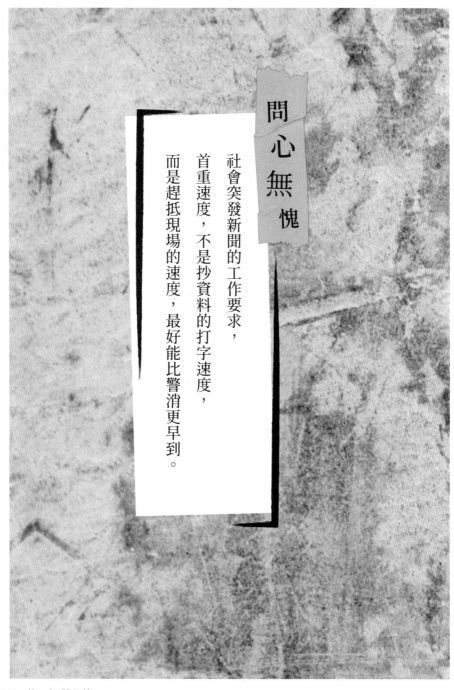

004

電鍋裡的岳母心臟燉好了

狠婿殘殺岳父母分屍案

凶宅小檔案

打卡編號：004

案發地點：台北市中山區

案發時間：1986 年 8 月 29 日

建築類型：5 層樓公寓

凶宅編號：004

電鍋裡的岳母心臟燉好了
狠婿殘殺岳父母分屍案

從小，安九就在台北市的中山區活動，這起恐怖的「電鍋命案」發生時，我還在讀國中，只知道案子發生在住家附近，可能是性格使然，安九對於很多事見怪不怪。畢竟，還是學生時，便不止一次親眼目睹槍擊殺人的命案現場。當初凶宅打卡會選擇這起命案，除了案情驚駭卻又令人傷感，也因爲就發生在自己成長與熟悉的環境。

1986年，台北市中山區一棟5層樓公寓的2樓，發生了一起泯滅人性的分屍案，凶手陳雲輝在國外經商失敗後返台，由於經濟窘迫，竟覬覦岳家的錢財，經過精心預謀，他狠心將岳父、岳母兩老殺害，還將死者肢解塞在行李袋中，同時烹屍企圖滅證，手法殘忍，人神共憤！

死者莊姓老夫婦的女婿陳雲輝，案發前舉家移民阿根廷，在當地從事屠宰業，由於經營不善，最後山窮水盡只好回來台灣，當初岳家所資助的1千多萬元，也早被他虧損敗光，就在此時陳男發現，岳家不久前才出售了一些房產，獲得數百萬元賣屋款項，陳男因而對這筆鉅款心生貪念。

案發前，陳雲輝就先對周遭親友及外人放話，謊稱自己正在替岳父、岳母辦理移民手續，實際上，陳男是想在殺害兩人後，毀屍滅跡令死者人間蒸發，最後再向外宣稱，老夫婦倆已出國養老，永久居留外地不會再回來。

1986年8月29日下午1時多，陳雲輝趁著小舅子（即老夫婦的么兒）外出時，他看見岳父、岳母在客廳沙發上午睡小憩，認爲時機成熟，陳男先持扳手無預警地用力猛擊兩人頭部，再拿水果刀狂刺頭、胸等要害，待兩人傷重身亡，陳嫌便拖入浴室，以屠刀、大型剪刀、鐵鎚、砧板等工具加以肢解，剁斬分屍32塊，再分裝進旅行袋中，暫時藏置在岳父母房間內。

狡猾的陳雲輝於作案前，還不忘手寫一張便條先貼在現場大門上，告知小舅子：「老媽和爸臨時決定回南部辭行，叫我等你們，但我等到4點半有事出去，將於10點半回來，你們不妨去玩一玩，晚上見。」做案時，陳嫌也先將大門反鎖，以防小舅子夫婦突然早歸返家。

令人髮指的是，由於陳雲輝與岳母之間先前曾有嫌隙，對此懷恨在心，所以他在進行分屍時，竟報復性地將岳母的心臟剖胸挖出，放在現場屋內的電鍋裡，按下開關讓它噗噗噗地燉煮著……

當晚小舅子夫婦返家後，陳嫌假裝沒事一般，與對方在客廳內閒話家常，但死者么兒未久便發覺不太對勁，家裡的地板、浴室與馬桶等處，肉眼可見沾染了血跡，浴室的毛巾也變黃發臭，加上父母的房間不斷地瀰漫出如同鐵鏽般的濃郁腥味，么兒直覺不妙，伺機報警處理，同時也趕緊通知親友。

不過，當時狡猾的陳雲輝也察覺自己的犯罪事跡敗露，便先一步趁隙逃離案發現場，警方獲報趕抵進屋時，一打開老夫婦的房門，便看到房裡放了兩只詭異的大型旅行袋，拉開查看赫然驚見，裡面裝的竟是兩名老人家的屍塊殘骸。

警方在現場蒐證調查的過程中，拼湊檢視行李袋內的屍塊時，發現岳母的心臟不見了，屋內仔細翻找仍遍尋不著，後來才發現，心狠手辣的陳雲輝竟然將岳母的心臟放在屋裡的電鍋中烹煮。

而陳嫌在落網後不但不知反省，還異想天開地辯稱，眞正的凶手其實是一名王姓台獨份子，利用這種殺人的方式，來擾亂台灣治安，自己是在對方脅迫下，不得已才成爲幫凶，欲以此說法脫罪，但這種荒誕的狡辯之詞根本不被採信，陳雲輝最終以殺人罪罪嫌判處死刑定讞，一年後槍決伏法。

面對家中遭逢巨大的不幸，事後么兒深受打擊、身心重創，不久就變得精神失常，在與妻子離異後，他仍堅決不願搬出，一直獨居在這曾經充滿美好回憶的家。

內心的不捨加上思念慘遭殺害的雙親，讓么兒選擇留下，在案發現場繼續獨自生活，他僅將父母的房間上鎖，但仍不避諱地使用浴室與電鍋，甚至以作案的電鍋烹煮三餐。只不過，他不時就會向街坊、親友透露：「一直到現在，爸爸媽媽還是會回來，有時回家也會帶著很多朋友一起來作客。」

死者么兒也完全無視於他人的畏懼眼神，總是準備了很多吃的、穿的、用的，還燒冥紙給雙親花用，就是爲了讓在另一個世界的父母，能夠衣食無缺，雖然事後陸續有不少媒體登門採訪，親友鄰居也苦口婆心相勸，但么兒不爲所動，他說自己所看見的父母，就跟生前一樣，「我家晚上很熱鬧喔，人都會越來越多。」也強調不會變賣住處，要永遠住在這陪伴雙親。

或許，對於他而言，縱然家中經歷過血腥屠殺，但如今一切彷彿就像是從前，頭髮花白的爸爸坐在客廳沙發上看電視，媽媽在廚房裡準備晚餐，炒著家常菜、用電鍋噗噗噗地煮飯，望著眼前這樣的畫面，令人感到安心……

問心無愧

財不露白千古不變，身家財富勿隨便披露，
哪怕是親人，荷包多重自己知道就好，
畢竟人心隔肚皮。

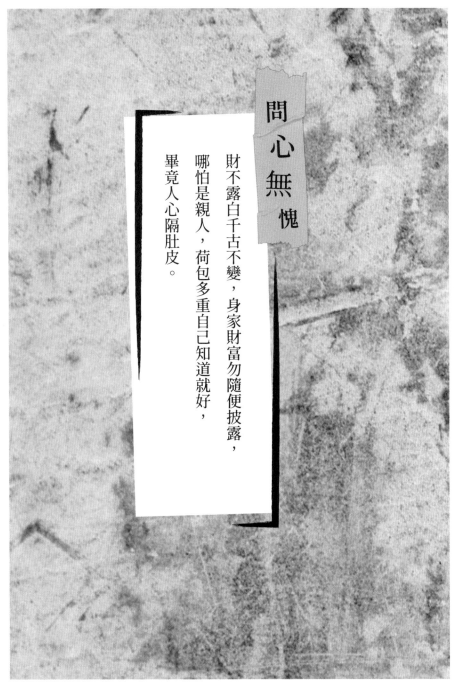

005

房間內的水泥人形塚

毒嫂殺小姑灌漿封屍案

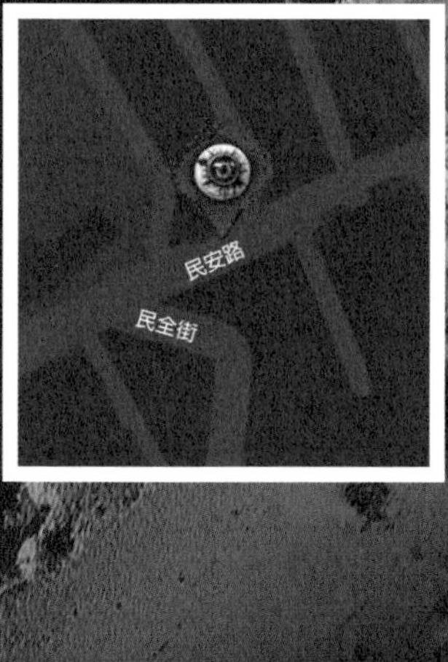

凶宅小檔案

打卡編號：005

案發地點：新北市新莊區

案發時間：2018 年 3 月 13 日

建築類型：8 層樓電梯華廈

凶宅編號：005

房間內的水泥人形塚
毒嫂殺小姑灌漿封屍案

你做過難忘的夢嗎？昔日安九一個男同事，是跑社會線的老記者，某次他夜間去衝一個火燒車母子兩死現場，回來後連日惡夢，我好奇問他夢到了什麼？他說每天的夢境都一樣，就是在火燒車現場拍照，「但朝車內一按快門，燒得焦黑的兩個死者，雙眼就轉動對準我的鏡頭！」

同事強調，以往跑任何命案或意外現場，從來沒膽怯過，「第一天夢見，還不覺奇怪，但一連三天同樣的夢境，眞有點發毛！」他說，那起案件是兒子開車載著媽媽，在交流道發生火燒車意外殞命，「兩具大體都幾乎被燒得碳化了，表皮黑脆迸裂，縫隙間透出紅色的肉，雙眼燒到眼眶只剩眼球，很像恐怖片。」

後來他覺得應該是沖煞到了，爲此去了廟裡處理，也上香誠心祝禱兩名死者早日超生，之後就沒有再做惡夢，終於可以好好睡覺。

安九覺得，雖然大家總說日有所思、夜有所夢，但有時候，夢境中的往生者影像與內容情境，對照現實中的無解、謎團時，卻會出現不可思議的巧合，甚至是答案。以下這起震驚社會的命案，就發生過類似的情況……

禮儀師在夢境中，見到一名長髮的女子不斷呼喊：「請你救我出來！」這名女子最後被發現，竟是慘遭水泥封屍的死者。2018年3月，新北市新莊區發生一起水泥封屍案，一名女子因姑嫂不合，殺害小姑後，用水泥將其封埋在死者房內地上，甚至在遺體挖出時，還冷漠地說：「好噁心喔！」

行凶的張姓女嫌（當時38歲）是學校清潔工，早年因丈夫外遇離婚，後來嫁給了擔任保全員的丈夫，育有一子一女。發生命案的電梯華廈3樓單位原本是公婆所有，一直以來都由小姑賺錢繳付貸款，雙親過世後，單身的小姑便繼續住在裡面。

2003年，精打細算的張女夫婦倆，爲了省房租也搬入同住，當時小姑以爲兄嫂只是暫時借住，未來哥哥存錢買屋後就會搬離，怎知一住十多年，還接連生了兩個孩子。

張女在搬入後，虛長小姑一歲的她便常以女主人自居，主導家中一切，毫不尊重18歲起就揹房貸的小姑，更理所當然地把公婆生前的房間，拿來當作兒女臥室，加上彼此生活習慣不同，長期下來摩擦日益嚴重，動輒起衝突，小姑還曾被張女施暴推傷。

面對大嫂的強勢，小姑有種鳩佔鵲巢之感，不想總是受欺壓，氣憤下她數度要求：「搬出我買的房子！」案發前更不止一次去電嫂嫂遠在高雄的娘家陳情，令張女心中燃起了怒火。

2018年3月13日上午，張女送完兒女出門上學，就看到小姑剛洗完澡走出浴室，她怒氣沖沖地上前質問，爲何又打電話去高雄告狀，雙方就在客廳的神明桌前，爆發肢體衝突開始扭打，最後體格壯碩的張女一屁股坐在小姑身上壓制，順手就抄起一旁啞鈴，對準頭部猛擊，當場砸爛小姑的頭皮與顱骨。

過程中，重傷的小姑曾苦苦哀求停手，還承諾不會再打去嫂嫂娘家告狀，但早已積怨成恨萌生殺機的張女，卻一不做、二不休，將一息尚存的小姑拖進浴室，抓住頭用力浸入裝水的臉盆中，直到對方溺斃才鬆手。

張女殺人後，爲了掩堵屍臭飄散，冷靜地外出採購水泥，三天內分三批共買了30包水泥，在死者房間內，她灌漿將小姑屍體封住，形成了一個駭人的水泥人型塚。而案發後，老闆發現平日認眞工作的死者多日未到班，去電死者家中詢問未果，察覺有異趕緊報案。

警方獲報後前往葉家，豈料一打開死者的房門，便驚見地上凸起一個人型水泥墓塚，張姓女嫌起初矢口否認犯案，就算親眼看著那座人型水泥塚逐漸被撬開，也一副事不關己的淡漠神情。不過，在3張購買水泥的發票被警方搜出後，張女終於坦承殺害小姑。

這起手段凶殘罕見的命案中，在開挖過程裡，執行的禮儀師曾透露，自己擁有特殊體質，當時一走進死者房間，沒聞到什麼屍臭或異味，卻無故不斷乾嘔，起初他拿大榔頭用力敲了十多下，水泥塚與地板仍紋風不動，由於時值深夜，擔心聲響太大恐噪音擾鄰，只好先收工返家休息。

當時禮儀師有個同事在回家睡覺後，就夢見了一名長髮女子，夢境中不停哀聲求救，次日一早，該同事到現場便告知此事，但大家一時也理不出頭緒。

最後在警方建議下，禮儀師們一起向水泥塚祭拜，拈香請託：「我們是來幫助您的，如果您在，請您保佑順利開挖。」話才剛說完，一股噴湧的濃重屍臭味立刻撲鼻而來，前晚用榔頭敲不動的地方，水泥隨卽崩裂開來，最後順利鑿開水泥墓塚，挖出了被棉被包裹的遺體。

不過，在掀開裹屍被檢視時，禮儀師與同事目睹死者的面容時驚訝不已，原來夢中長髮的求救女子，就是眼前這名被殺害的小姑，張姓女嫌隨後也被警方收押，偵訊後以殺人罪起訴。

問心無愧

家人間相處不要忙著算計與爭輸贏，
多些尊重包容，有時我們對外都寬以待人，
更何況是親近的家人。

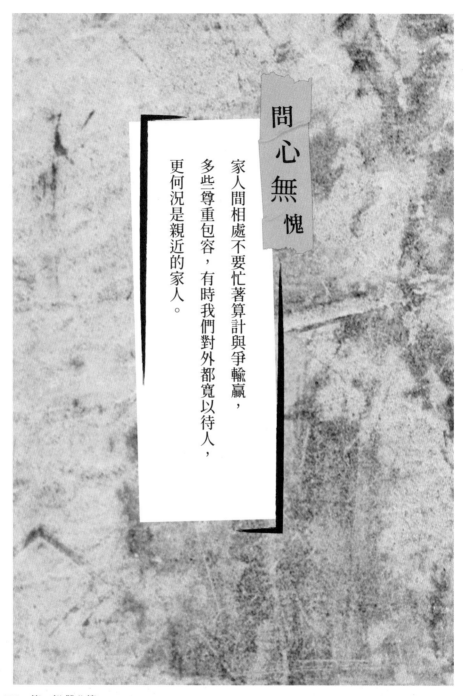

打開冰箱的陌生住客
北市虎林街滅門血案
006

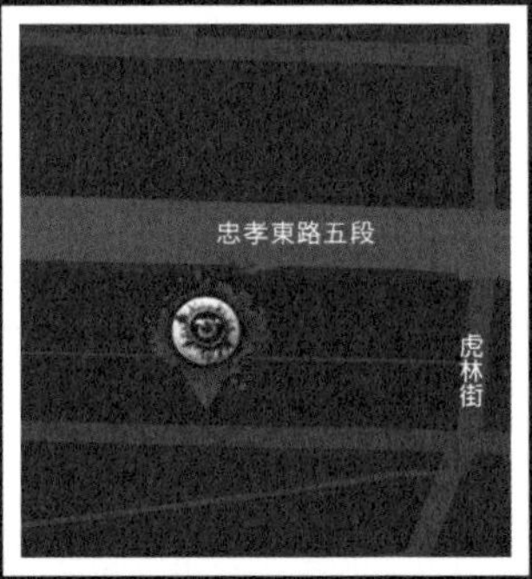

凶宅小檔案

打卡編號：006

案發地點：台北市信義區

案發時間：1995 年 12 月 12 日

建築類型：4+1 層傳統舊公寓

凶宅編號：006

打開冰箱的陌生住客
北市虎林街滅門血案

當你在家想去冰箱拿東西吃，眼前卻站著一個陌生男子正打開冰箱，那個人……他究竟是誰？1995年，台北市虎林街發生一起滅門血案，一名國中男老師與小16歲的女學生發生師生戀，未料紙包不住火，女方家長發現後極力反對，並要求天價遮羞費，甚至揚言提告，導致這場不倫戀的結局竟是賠上女學生全家3條性命！

或許唯有時間，才能逐漸撫平沖淡這深沉的愛恨、貪執與怨念。這起慘絕人寰的社會案件，凶嫌杜漢成（案發時36歲）原本是一名高棉僑生，早年因戰亂輾轉由越南逃到台灣，後來就讀國立師範大學生物系，畢業後被分發至台北市的一所國中任教。

杜漢成當時認識了念國一的于姓女學生，雙方互有好感，但礙於師生關係，兩人不敢踰矩，杜男之後被調到高雄任教，女方仍與他保持聯絡，遠距離的想念與互動，反而讓曖昧情愫發酵炙烈。爲了維持這段感情，杜漢成又請調回北部，在新北市林口一所國中教書，當時他們瞞著女方的養父母，杜男與已升上高中的于女展開交往，陷入熱戀，與一般情侶無異。

1994年底，于家雙親終於知悉此事，怒不可遏，杜漢成原本想懇請女方家長同意，在小女友成年後，將女兒嫁給他，哪知于父進行談判時，強行扣下杜男的教師證，並要求支付遮羞費，一開口便是1千2百萬元的天價，還揚言如果不從，就要控告杜男誘姦未成年少女，讓他身敗名裂，從此無法在教育界立足。

其實與小女友相交多時後，杜漢成早已知悉于家因于母嗜簽六合彩，積欠了大筆賭債，故對於于父的威脅與要求，他認爲是藉機勒索，當下並未同意。不過，杜男爲此受制越想越氣，加上感覺小女友似乎也開始慢慢疏遠他，杜男懷疑她另結新歡，心中恨意漸漸深植。

1995年12月12日深夜，杜漢成在與于女通過電話後，隻身前往對方住處，從後陽台爬上2樓進入于家，當時于母恰巧外出不在，他手持水果刀先刺殺于父9刀致死，于女聽聞父母臥室傳出打鬥聲跑去制止，孰料杜漢成此時已殺紅了眼，見小女友現身阻攔又出手狂砍22刀，女方慘死，頸部幾乎被斬斷。

之後杜漢成連租住在于家的一名男房客也不放過，將他殺成重傷，可怕的是，杜嫌犯案後仍待在現場，等候著隔天午後返家的于母，一看到她進門，未待對方拔下鑰匙，就衝上前猛刺20刀，于母當場倒臥血泊身亡。

事後警方向媒體描述，當時這一家3名死者均血肉模糊，命案現場從客廳門口、一直到房間內，沿路血流成河，室內也因打鬥凌亂狼籍，牆上更有大片噴濺血跡，景象怵目驚心。

案發後倖存的男房客一度被認爲涉有重嫌，但最後警方根據一枚現場的血腳印，循線逮捕杜漢成到案，遺憾的是，警方在死亡女學生的電腦中，發現女方其實始終深愛著杜老師，有計畫相偕遠走高飛，可惜悲劇已造成，原本前途大好的杜嫌，因衝動失控變成滅門案凶手。

杜漢城最後被台北地方法院判處死刑，3年後執行槍決。而于家慘遭滅門後，住宅並未按一般凶宅處理程序，找人做法事進行招魂、超渡，不久就被屋主低價賣給投資客，重新整理改裝後出租，但之後陸續傳出了一些無法解釋的靈異事件。

老街坊表示，這一戶的房客總是來來去去，都住不久，「有人住在那裡，小孩夜晚都無故哭叫，說有被那個壓。」另有一名剛遷入的住客，半夜睡覺時，發現床居然無端浮起，嚇得他隔天就打包家當，搬家走人。

居民也透露，曾有房客向他們描述，在屋內想去開冰箱拿東西時，眼前卻遇到有另一個人正在開冰箱，「問了一下，對方自稱是住在那裡的人，但仔細看看，卻發現根本就不認識。」房客才開口質問：「你是誰？怎麼會在這？」陌生男子卻低頭不答，隨即一轉身便消失無蹤。

多年後有女藝人上節目時也表示，曾經爲了省錢，在不知情下，和友人搬入了這間約20坪的房子，當時以月租8千元租下，不過，她覺得這間有天井的房子，格局頗爲怪異，室內異常陰冷，房東還放置了法器，叮嚀她們千萬不要打開某扇門。

女藝人說在入住後，同住友人就開始不斷生病，還會問一些奇怪的問題，像是「妳今天有回來過嗎？」「妳是不是有跟我一起睡覺？」之後友人更一病不起，只好搬回家去。女藝人最後也決定搬走不租了，未料找朋友來幫忙搬家時，赫然發現床板底下竟貼滿了符咒。

由於此案年代較爲久遠，在凶宅打卡刊出前，安九曾委請記者再度前往現場查訪，發現該處在都市快速發展下，早已變成人聲鼎沸的熱鬧市街，只有當地老居民才對此案猶有記憶，但他們都表示，後來的新屋主將隔間全部打掉，徹底清理、重新裝潢，隔成多間套房出租，如今已不再發生怪事。

問心無愧

很多遺憾都是誤會造成，
若是當時杜老師確知女學生真正的心意，
或許也不會發生這起社會悲劇。

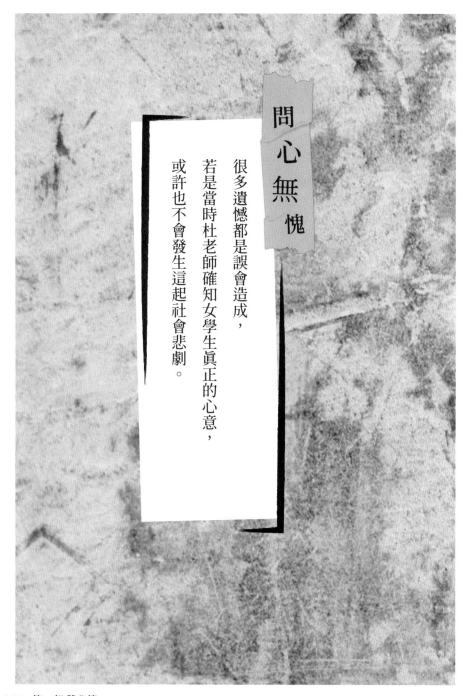

第二部

桃竹苗篇

007

商場廢墟中的不安魂魄

正發大樓火劫28死案

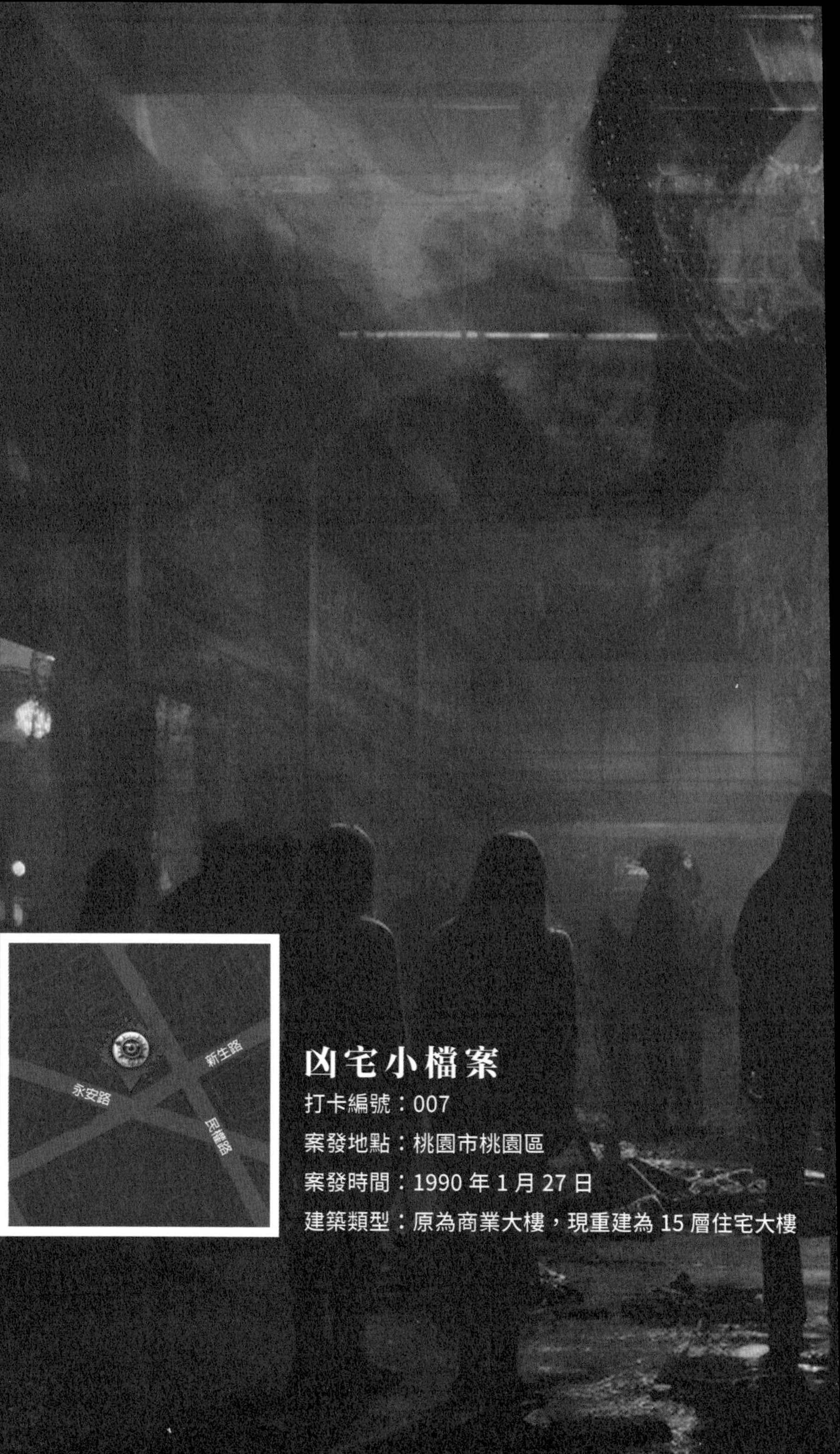

凶宅小檔案

打卡編號：007

案發地點：桃園市桃園區

案發時間：1990 年 1 月 27 日

建築類型：原為商業大樓，現重建為 15 層住宅大樓

凶宅編號：007

商場廢墟中的不安魂魄
正發大樓火劫28死案

或許是童年的陰影，在各類意外災難中，安九最關注嚴重的火災事件。幼時住家隔壁的軍方閒置木造宿舍，曾因人亂丟菸蒂發生一場火警，當時雖未延燒到我家，但回憶中濃臭刺鼻的燒焦味，牆邊猛烈竄起的橘紅火焰、片片落下的黑色灰燼仍歷歷在目，家裡遮雨棚也在高溫下融化變形、緊鄰火場的儲書倉庫因消防灌救，火災後更變成黑水潭，家中藏書真的全部「泡湯」。

也記得當年北市的論情西餐廳，因爲離家近，安九晚上不睡覺，就會走去那裡與好友相約吃飯聊天，誰知道1993年竟發生大火造成33死；另一間台中的衛爾康餐廳，則是安九於大學時期吃消夜的所在，未料2年後也發生嚴重火災釀64死慘劇，安九只能慶幸，意外發生那時自己人都沒在現場。

下面這起桃園28死的重大火警，則是更早幾年發生的，事後出現了許多無法解釋的現象，甚至一度聞名到了國外；事件就發生在原本屬於闔家溫馨圍爐的除夕傍晚，沒有人知道這一晚竟會成爲烈焰奪魂的噩夜。

1990年，桃園市區熱鬧繁榮的「正發綜合大樓」，除夕晚間突然發生大火，短短時間就奪走了28條人命。由於死傷慘重，浩劫後的廢墟靈異傳聞不斷，尤以4樓戲院的鬧鬼女廁最爲人所知。

當年慘遭祝融火噬的正發綜合大樓，最早是桃園縣長寓所，後來重建成地上5層、地下1層的「正發百貨公司」，由於經營不善改爲商業大樓，除了1樓及地下室小吃街，2、3樓爲「古早人理容院」，4樓是「華國戲院」，5樓則開設賓館。由於商家貪圖營業便利和裝潢美觀，將大樓內逃生通道改建封堵，拆除了原本的消防設施，豈知這些竟成爲火災發生時的奪命凶器。

1990年1月27日晚間7時30分許，正發綜合大樓內有業者疑因烤魷魚不愼，引發了火警，當時由於內部裝潢多屬易燃材質，劈啪作響的火勢猛烈蔓延極快，一轉眼，整棟建築便陷入火海，獲報趕抵的警消拚命射水灌救，但在內受困的眾多民眾逃生無門，高溫融體、焦煙撲鼻，還夾雜著陣陣驚慌絕望的哀嚎與求救呼喊，讓這棟大樓猶如火葬場煉獄。

雖然火警時，警消從5樓賓館迅速搶救出20餘人，但大火撲滅後，進入焦黑滴水的高溫現場，在搬開坍塌的建物殘骸時，卻發現更多交疊的遺體。其中2樓的理容院有3人罹難、3樓電梯內5人；樓上華國戲院死者更高達19人，光是女廁就找到15具焦屍，男廁則有3人，其他樓層1人。其中一名死者的身分迄今未明。

有警消回憶，曾見到一名全身焦黑的男性死者，躺在地上、面目無法辨認，但胸部有一處異常隆起，壘球般大小，走近仔細一看，赫然驚覺原來是在高溫灼燒下，胸部遭炙烤膨脹爆開，心臟因此迸出體外，垂掛在胸前，死狀淒慘痛苦。

令人不解的是，這場意外發生後，大部分往生者的牌位，都直接被供奉在火場1樓入口處，一放多年，形成當地奇特的景象。雖然每年都辦超渡法會，但附近不少人都曾遭遇過無法解釋的狀況，有居民指稱，曾在深夜行經此地時，聽到了裡面傳來上下奔跑、哭嚎的呼救聲。而直至2009年，這些牌位才遷至桃園義民廟大墓公供奉。

這棟建築在歷經火劫後，曾有些不信邪的街友潛入棲居，但最後有2、3人竟無端死在裡面，火場亡魂索命之說不脛而走。另由於當年被燒死的人太多，居民擔心被煞到，幾乎都不願靠近廢墟，寧願繞道而行，有人低調地說：「尤其是四樓戲院的女廁，大家都說那裡最陰，還說華國是猛鬼戲院。」接二連三的神祕事件，讓這處火場廢墟當年一躍成爲台灣著名猛鬼大樓之一。

除了台灣靈異節目進入探險，也曾有香港節目遠道而來拍攝，節目請來的老師就表示，該處往生者的靈體因多數未被超渡，因此寄居在1樓的牌位上，使得大樓內陰氣匯聚。當時一行人走上右側樓梯時，迎面就聞到一股濃烈屍臭，但由左邊樓梯上去，行進到2樓轉彎處時，又出現撲鼻的強烈屍臭，最後老師認爲室內靈體怨氣太重，代表不願受到打擾，於是終止了拍攝。

也有台灣靈異節目的女主持人，爲了拍攝工作在該處被附身，工作人員當時亦莫名聞到皮肉燒焦的臭味，而大樓內的物品，火災後大多保持原狀，擺設、殘骸仍放在相同位置，有人曾拍攝廢墟內的照片，事後驚見畫面中出現不明的幢幢鬼影，種種異象更讓此地添加了恐怖陰森的氣氛。

2008年7月底，桃園政府認定正發商業大樓重建困難，破舊的建築影響市區景觀，下令拆除移平，隨後將其改建整理成一處公園三角綠地，在專家建議下，經過多年曝曬，後來才改爲公共停車場，最後在建商收購後，於原址蓋了一棟地上15層、地下3層的新式住宅大樓。而這些顫慄怨厲的暗黑過往，也逐漸被世人所遺忘……

問心無愧

大樓的消防逃生通道應淨空暢通，
住戶與商家切勿爲了一己之私，
封閉上鎖、堆置物品或違法改建。

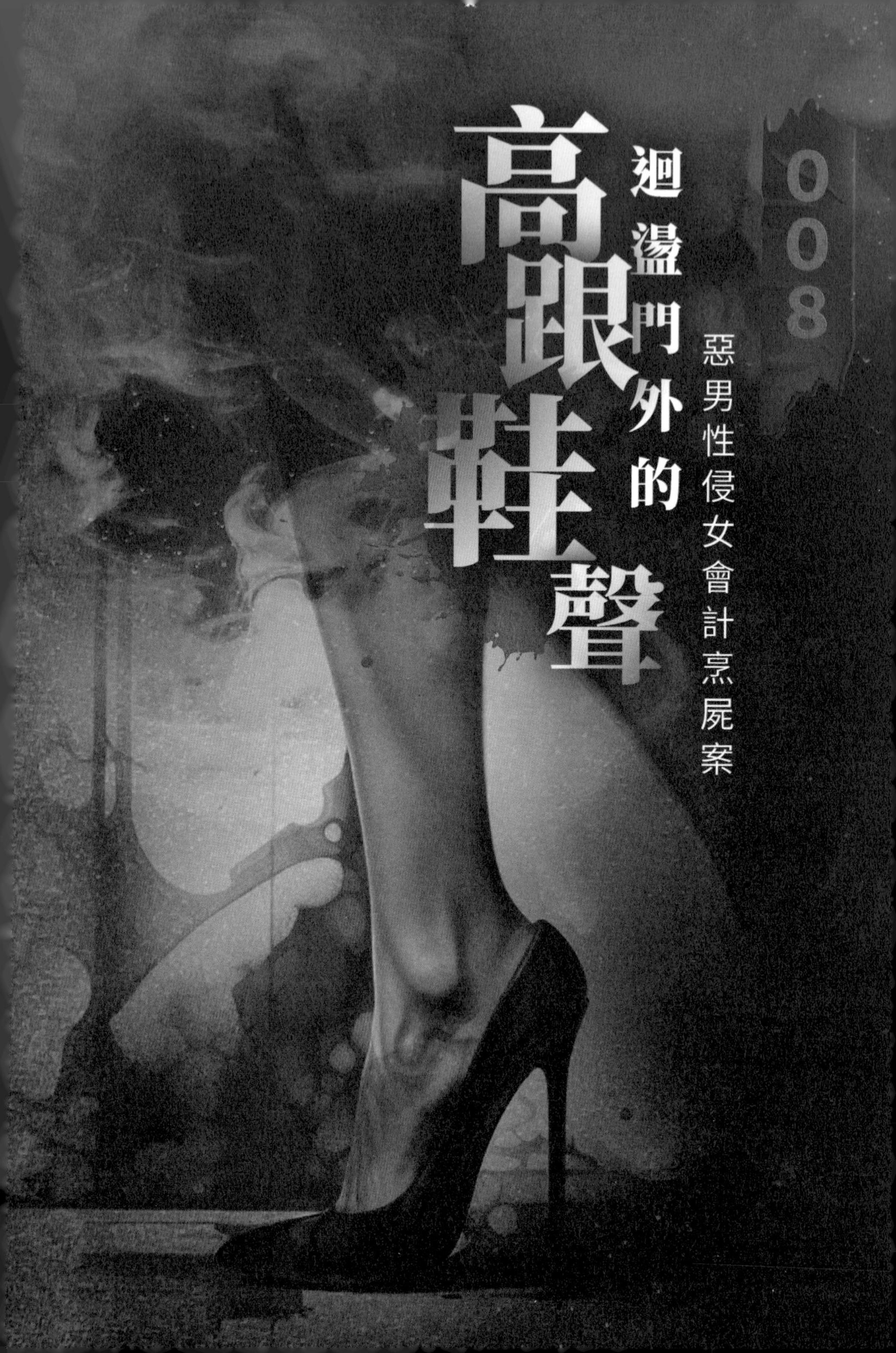

008

迴盪門外的高跟鞋聲

惡男性侵女會計烹屍案

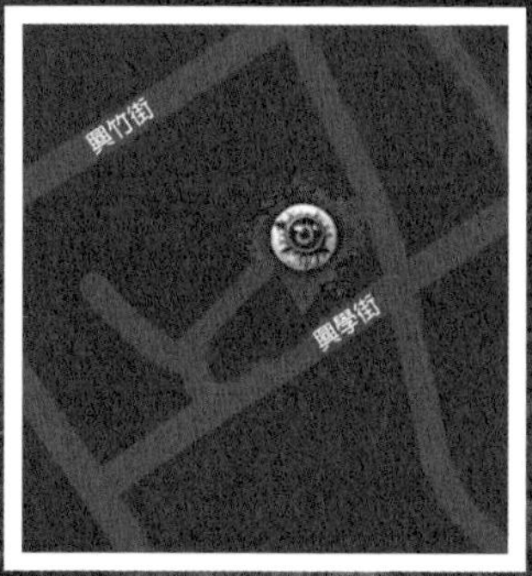

凶宅小檔案

打卡編號：008

案發地點：新竹市

案發時間：2007 年 8 月 22 日

建築類型：5+1 層樓透天公寓

凶宅編號：008

迴盪門外的高跟鞋聲
惡男性侵女會計烹屍案

世界上最可怕的不是鬼，是壞人。

在多年記者生涯中，每次處理社會案件時，縱然有部分命案，伴隨著些許靈異傳聞，但事實上更可怕的，是那些泯滅人性的惡徒，為滿足一己慾望而傷害殘殺了他人，所以，安九總覺得，與其害怕妖魔鬼怪，不如提高警覺，留心、提防周遭的壞人，尤其是隻身在外生活的單身女性，千萬要小心。

「叩……叩……叩……叩……」新竹市這一棟透天公寓的樓梯間，到了深夜，就會傳出一陣一陣的高跟鞋步行聲，隔著門板也清晰可聞，清脆的踱步聲就這樣迴盪在四下無人的漆黑空間，忽遠忽近、寂寥而詭異。這神祕莫名的高跟鞋聲響究竟是誰的?難道是她一直不願意離開?

2007年8月，這裡發生了一起慘絕人寰的殺人姦屍案，一名住在4樓的女房客，慘遭樓上男房客劫財殺害後，色慾薰心的凶嫌爲逞獸慾，竟兩度姦屍，還烹煮死者意圖分屍，狡猾的凶嫌落網後鞠躬致歉逃過一死，被判處無期徒刑，但被害人家屬心中的悲慟傷痕卻永難抹滅。

這起命案的楊姓凶嫌（當時26歲），是新竹科學園區埋設電纜的工人，來自高雄的他，租下案發透天公寓的5樓套房居住，在簽租約時，他發現替房東處理租賃與收款事務的女會計（當時34歲）面貌秀麗、身材窈窕，而且就住在樓下，想要一親芳澤的楊嫌，開始不停攀談示好。

楊嫌當時雖然已有女友，但雙方不合常發生口角，楊嫌覬覦女會計的美貌姿色，追求的意念越燒越烈，但均遭對方拒絕，惱羞之餘，他開始不斷糾纏對方，以租約需要補件爲由，瘋狂地打電話騷擾，他爲了自抬身價，還謊稱自己是竹科工程師，但女會計不爲所動，並將楊嫌的失控舉動告訴了房東與家人。

8月22日凌晨2時許，當時正缺錢花用的楊嫌，在吸食強力膠後惡膽萌生，想到女會計身邊應該有錢，加上垂涎迷戀對方的美貌，便架梯子從窗口偷窺住在4樓套房的女會計，入夜後趁女方熟睡，楊嫌從浴室氣窗爬進屋裡，潛入後翻找皮包，卻僅找到1千元，過程中女方被驚醒，試圖逃跑並大聲呼救，楊嫌見狀趕緊用手勒住女會計頸部，活活將她掐到口鼻冒血身亡。

楊嫌殺人後不忘將死者的床鋪整理好，爲了脫罪故佈疑陣，除了取走對方住處的水果刀、皮包及自己簽的租約，還用窗簾布把死者的遺體仔細包裹好，然後背著返回自己5樓住處，一般人面對這種處境，早已嚇得魂飛魄散，但楊嫌返家後，因覬覦死者美貌又色心大起，竟然決定姦屍。

他將死者拖進浴室清洗後，兩度無恥性侵遺體，接著進行肢解，但因切不開手肘等處，楊嫌索性將死者左手掌浸入沸水中烹煮，再行分割，但最終又嫌麻煩而作罷，最後他乾脆拿窗簾布捆綁屍體，包好後放置在租屋處陽台，準備隔天再載到山區棄屍。

當天午後1點多，房東和6樓房客等人因遍尋不著女會計，由於死者曾告知遭受楊嫌瘋狂騷擾，一行人便前去狂敲楊嫌的房門，待對方一開門，就衝進屋內查看，隨後在陽台發現了死者遺體，嚇得立刻報警逮人。

事後這棟透天公寓就不時發生靈異事件，一個月之內，租屋的住客都紛紛退租遷走，當年蘋果記者前往時，街坊與房客都指出，在案發現場的樓梯間，有時在凌晨，會傳出高跟鞋上下樓踱步的詭異聲響，有時候是急促的奔跑，「但一過去查看，聲音就消失了。」查看的人身處暗黑無人的空間，明明剛剛聽見腳步聲，現下卻突然一片死寂，無不感到說不出的毛骨悚然。

有人也透漏，案發不久後的半夜時分，經常會從出事的4樓套房內，傳出不明的女子聲音，有時是低沉壓抑的嗚咽啜泣、有時是含糊不清的低聲咒罵，「但是我們都知道，在命案發生以後，那個房間裡根本就沒有住人了呀！」每逢出現這樣的狀況，鄰近的狗群也會同步集體吹狗螺，「光是聽到這些裡應外合的詭異聲響，就眞的很讓人發毛！」

更有網友貼文指出，之前曾經幫小姨子搬家到這一戶，要遷入時才發現是凶宅，爲了壯膽當晚總共有5名大漢到場幫忙，但夜間先聽到了女人的哭聲、隨後又有人敲門，他們透過門上的防盜孔查看，卻發現外面空無一人，正當大家渾身發毛，樓上4樓又開始傳來腳步聲，最後嚇得一行人連已搬進去的家具都不要了，立刻拔腿走人。

一名資深的老師多年後也回憶，當年這棟發生命案的建築，鬼魅傳聞不斷，曾受邀到案發的套房開壇作法，當日與徒弟到場準備法壇時，房間的門竟然自動關上，徒弟想要用手拉住，卻感受到一股強大反向的拉扯，最後因關門力量實在太大，兩人就被硬生生地困在4樓套房內，雖然後來法事有順利完成，「但其實我也沒把握可以完全化解這股怨氣。」

問心無愧

女性在外租屋首重門戶安全，留心其他住戶與出入份子，對內氣窗晚間上鎖，備妥哨子、防狼噴霧、電擊棒等，最好找朋友住在附近。

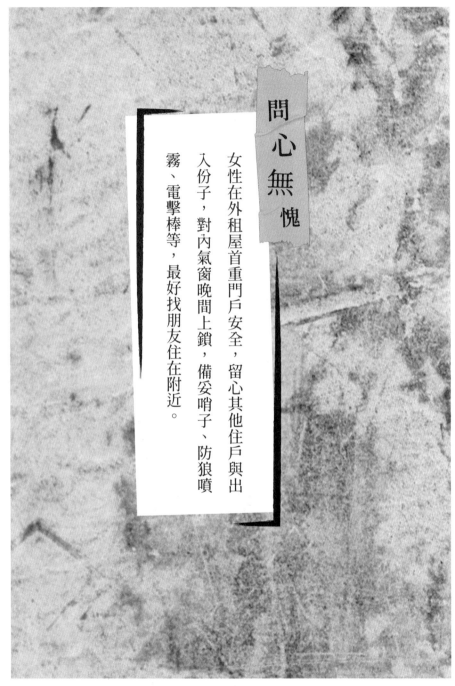

009
是誰在晚上
拍門求救
新竹穹林午夜溶屍案

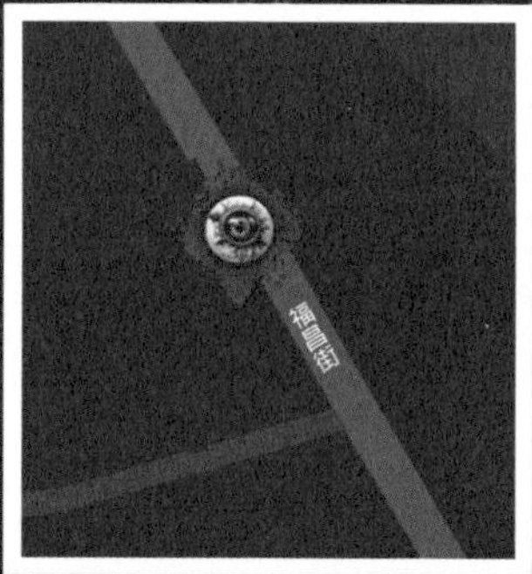

凶宅小檔案

打卡編號：009

案發地點：新竹縣芎林鄉

案發時間：2008 年 5 月 13 日

建築類型：2 層樓透天厝

凶宅編號：009

是誰在晚上拍門求救？新竹穹林午夜浴屍案

無論在哪個年代，都會有霸凌事件發生，就連安九曾身處的媒體業，難免也會看到恃強凌弱、仗勢欺人的情況，有時是強勢者每天使喚同事跑腿幫買便當和飲料，也有軟土深掘的主管，遇到處理起來麻煩又勞累的新聞，永遠都指定某幾個老實木訥又脾氣好的同仁去處理。

安九知道，身爲記者，面對社會事件須抱持客觀態度，避免涉入過多情感，但看到這一起浴屍命案，在了解前因後果後，仍難忍強烈的震撼與憤慨，許多遭受霸凌、任人宰割的受害者，總以爲屈從、忍氣吞聲就能保身，不過這起案件中的受害者，最後卻因此葬送了自己寶貴的性命！

若非警方到場查案，誰也想不到在民風純樸、景致秀麗的新竹芎林鄉間，會發生這樣慘絕人寰的命案。2008年，在當地一間兩層樓的透天厝，一名性格內向的臨時水電工（當時35歲），被長期霸凌施暴的雇主與同事們圍毆致死，事後5名嫌犯爲了湮滅罪證，竟將死者塞進塑膠桶內，灌入大量鹽酸溶屍。

據了解，這名慘遭殺害的臨時水電工個性乖順老實，生前受雇於潘姓水電工頭（主嫌，當時45歲），每天拿8百元工資，案發前水電工與工頭以及謝姓同事（當時30歲）、吳姓同事（當時27歲）等人，一同居住在潘嫌租下當作宿舍的這間透天厝內。

潘姓工頭對於這名臨時水電工，總是抱有莫名的成見，經常懷疑他手腳不乾淨，因此只要有零錢、香菸等財物不見了，潘嫌就認爲是對方偷的，不問事由也不查證，動輒打罵、拳腳相向，膽怯內向的水電工爲了餬口賺錢，只得一味隱忍、不敢辯駁，任由雇主潘嫌霸凌施暴，哪知後來情況日益嚴重，就連同事發生工具遺失的情況，潘嫌也會痛毆他出氣。

2008年3月初，同住的謝姓同事酒後返回住處，發現手機不見了，按照之前的慣例，他第一時間就認定是水電工所竊，連問都不問，就憑著一股醉意，找來潘姓工頭、吳姓同事及兩名友人，拿著掃帚、球棒與水管等器物，在1樓客廳將水電工打得鼻青臉腫、滿地打滾哀嚎。

當時孤立無援的水電工被圍毆得嘴巴、鼻子鮮血淋漓，只得在衆人打累了歇手時，負傷拚命喘息，最後他踉蹌地逃離客廳躲回自己房間，因害怕走出房門就會繼續被打，根本不敢外出就醫，只能窩在床上苟延殘喘，孰料隔天便因傷勢惡化氣絕身亡。

潘姓工頭次日睡醒後發現大事不妙，更可惡的是，他明明知道自己下手太重殺了人，卻絲毫沒有歉疚與自首的念頭，而是絞盡腦汁想著要如何掩蔽罪證，好替自己卸責脫罪，當時潘嫌先用棉被遮蓋住死者屍體，但數日後，屍臭味飄散出來難以忍受，潘、謝兩嫌便購入了一個橘色大型塑膠桶，還有好幾十瓶工業用鹽酸，打算乾脆利用強酸溶解的方式毀屍滅跡。

他們合力把屍體對折後塞入桶內，讓死者呈頭腳朝下、屁股朝上的姿態，然後先注入熱水、再倒入大量鹽酸，企圖將遺體溶解，潘嫌還在桶子上、下方各挖了孔洞，插裝兩截塑膠導水管，用來添加鹽酸、排出屍水，最後他們將屍桶封好藏置，放在宿舍2樓的浴室內。

潘嫌等人就這樣伴屍了2個多月，前後總共使用了多達54瓶、約2萬4千毫升的鹽酸，但最後發現屍體還是無法全部消融殆盡，謝嫌於是發出訊息找人協助棄屍。所幸老天有眼，由於風聲走漏，警方一獲悉消息，5月13日時便趕往調查，承辦的檢警回想，當時正值深夜，警方到場後直接進入透天厝內查看搜索，一走上2樓打開浴室的門，就發現了這個橘色的溶屍塑膠桶。

警方表示，現場的狀況相當噁心恐怖，「打開後惡臭就撲鼻而來，眼前是一具半腐爛的屍體。」直指從沒見過這麼凶殘的殺人手法。而潘嫌等人被捕之後，這間透天厝因發生過命案，也就空置下來，沒人再敢入住。記得案發時隔約6年後，安九曾請記者再度查訪，當時發現宿舍一樓的鐵柵門已用鎖頭上鎖，記者回報他往門內望去，死者當初被凌虐痛毆的客廳，家徒四壁空無一物。

鄰居當時指出，案發後房東曾找來法師作法超渡死者亡魂，並將整個房子徹底清理乾淨、重新粉刷，「聽說後來就賣給了新的屋主，不過，也從沒看見對方來過。」詭異的是，這間空置暫時無人居住的透天厝，有居民在夜深人靜時，曾聽見屋內傳來拍打牆壁與鐵門「碰碰！碰碰碰！」的聲響，似乎想要向外求救，居民說：「拍門聲斷斷續續的，但是那裡根本沒有人住呀！」

也有街坊透露，凶宅的客廳有時會傳出隱隱約約的不明爭吵與哀求聲，大家不免都會聯想到當初發生的慘案，雖有感到恐懼，但更多的是不忍與憐憫，有人感慨：「可見死者是長期受虐，臨終前一定帶著很大的委屈和怨念。」或許那位慘遭霸凌重傷枉死的水電工，往生後心有不甘，仍要用最後一絲微弱的力氣，努力地向外界求援……

問心無愧

職場應互相尊重，切忌使喚同事、壓榨下屬跑腿買便當辦私事，畢竟人家領的是公司發的薪水。

010

能不能幫忙找我的手

苗栗殺妻烤臉分屍案

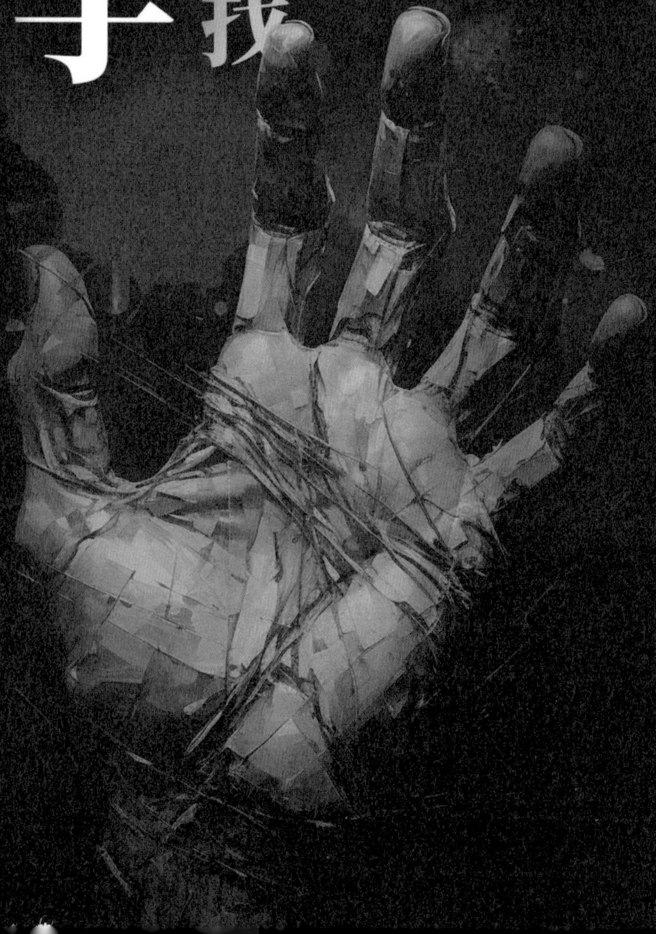

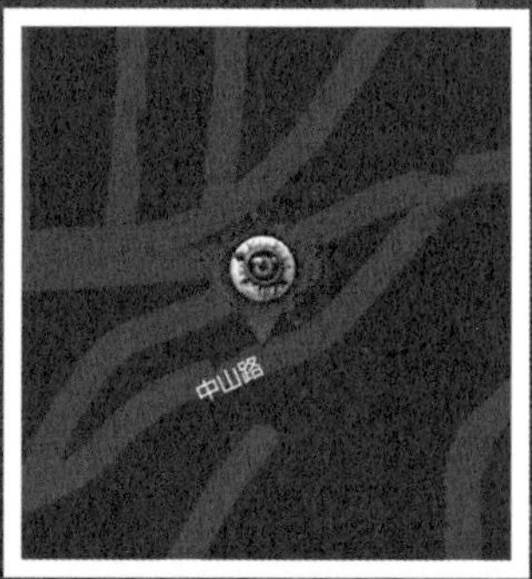

凶宅小檔案

打卡編號：010

案發地點：苗栗縣苗栗市

案發時間：1995 年 9 月 8 日

建築樣式：水泥磚造平房

凶宅編號：010

能不能幫忙找我的手？苗栗殺妻烤臉分屍案

「有人看到我的左手嗎？可不可以幫我找一找？」苗栗市郊一處下坡路段，傳聞中半夜時會出現一名白衣的獨臂女子，神態哀戚地向來往行經的駕駛攔車探問，遇過的人還不止一個，當事人見到女子慘白木然的臉，無不驚駭莫名，而靈異傳聞的背後，源起卻是一宗泯滅人性的殺妻分屍慘案。

命案的凶手是擔任貨車捆工的中年男子賴志宏，與妻子感情不睦，賴男有家暴習慣，長期對妻子動粗，雖然夫妻倆育有3名子女，但早在案發前半年，雙方便因婚姻破裂分居，妻子為逃避丈夫施虐，選擇在外租屋居住，子女送回娘家照顧，為此也向法院訴請離婚。

賴男知悉後非常氣憤，對於妻子想離婚脫離掌控，怒不可遏，1995年

6月29日凌晨，賴男去電岳家，開口就恐嚇要對他們不利，還嗆聲：「到時候見一個殺一個！」隔天賴男直接衝去岳家縱火，企圖燒毀妻子家人住處，岳家被此瘋狂舉動嚇得不知所措，只好全家外出投宿旅館，暫時不敢回家。

兩人的離婚官司於同年9月7日經法院開庭審理後，隔天下午，妻子便騎機車載9歲么兒，拿著離婚協議書返家找賴男簽名，當時她告知么兒在巷口等媽媽，自己便隻身進入丈夫住處談判，豈料賴男不甘妻子訴請離婚成功，暴怒下竟掐住妻子頸部將她勒死，還脫去衣褲性侵辱屍。

事後賴嫌還將氣絕的妻子拖進浴室，手持菜刀把屍體肢解爲7大塊，像燙豬肉般，用滾水澆淋在屍塊上去除血水，賴嫌害怕死者會化爲厲鬼復仇，便將屍首臉朝下放在瓦斯爐上燒烤毀容，而全部屍塊最後被他分裝在數個飼料袋與購物袋中，用鐵絲封口。

當天傍晚，賴志宏騎著死者的機車，沿著台13線一路丟棄屍袋，分別扔在苗栗市松園社區旁草堆、陽明山莊後大坪頂碉堡草叢、及當地一處觀景亭「扶輪亭」旁。

等了一個多小時的么兒，難忍內心焦慮不安，便繞著住家四周找尋母親蹤跡，怎料在屋後排水溝內，看見疑似血水的紅色液體潺潺流出，嚇得他跑回外婆家告訴舅舅。

岳家因死者去找丈夫後人間蒸發，恐其遭遇不測報案。警方經了解，鎖定賴志宏將他逮捕到案，賴嫌原本矢口否認殺妻，但警方用心理戰，拿毛巾蒙住他雙眼，賴嫌在眼前一片漆黑下，沒多久就像看見恐怖景象似的，突然臉色慘白抽搐，隨卽供出整個犯案過程。

最後賴志宏因罪證確鑿被判處死刑定讞。遺憾的是，事後苗栗警方與相關人員，多次前往棄屍地點地毯式搜索，雖陸續尋獲屍塊，但死者的左手臂始終未找到，家人依循傳統爲了以全屍安葬，只好訂製一隻木手臂放入棺內，哪知後來仍發生了一連串靈異事件。

在棄屍地點之一的扶輪亭一帶，深夜時分，曾有民衆看見一位白衣的獨臂女子攔車，神態哀戚地問：「有人看到我的左手嗎？可不可以幫我找找？」當時苗栗警察分局南苗派出所、及銅鑼分駐所都曾接獲過報案，甚至有女記者也曾遇到，多年來類似的情況時有所聞。

2007年7月，一名20多歲的劉姓超商男店員，晚間與友人共2女4男，在下班後騎機車夜遊，隔天凌晨3時多，回程途中行經苗栗市郊省道台13線大坪頂下坡路段時，後座載著女伴的劉男突然熄火停車，眼神空洞呆滯，如同中邪，不管他人逕自走入路旁一處廢棄空屋。

當時同行友人見狀，趕忙把他拉了出來，驚呼：「欸！你在幹麼啊？」劉男卻著魔了似地自言自語：「有人手臂不見了，要我幫忙去找。」大夥聽得汗毛直豎，張望四周一片漆黑，根本沒有其他人，於是趕緊載他返回店內休息。

未料清早6時許，劉男竟又隻身外出。同事們擔心會出事到處找人，卻遍尋不著，直到近午11時多，劉男才返回超商，表示去了大坪頂的扶輪亭，後來有女同事返家詢問在警界服務的父親，才得知這處觀景涼亭附近的駁坎，就是當年死者被棄屍時，其中4個屍袋的棄置地點。

當晚參與夜遊的男女聽聞後，全都面面相覷、心裡發毛，事後劉男大睡三天三夜，醒來卻對這段經歷毫無印象，對此同事們也不敢多談，深怕一提起，劉男會想起當晚的恐怖遭遇，精神崩潰。

而在2012年，也有民眾開車帶女友前往當地看夜景，兩人當時走上扶輪亭小歇，女友順手拍了幾張照，突然間就起了大霧，周遭白茫茫一片，還聽到陣陣吹狗螺聲，當事人直覺不妙趕緊離開，但女友返家後，發現窗外有女子緊盯著自己，還頻頻夢到有個獨臂女人在涼亭不停逼問：「妳有看到我的手嗎？」女友去廟裡求助才知道撞邪了。

直到政府單位在2016年拆除了扶輪亭，獨臂白衣女鬼冤魂不散的靈異傳聞，才逐漸平息。但令人惋惜的是，當年發現血水揭發命案的賴家么兒，在雙親先後離世後，因結交壞朋友步入歧途，國中肄業就未再升學。

不學無術的20多歲賴家么兒，自2009年起，犯下十餘件竊車及飛車搶奪案，被判入獄服刑4年，孰料假釋後，2013年5月，又陸續犯下3起婦女搶案；諷刺的是，警方發現，他將兩部作案使用的機車，藏置在殘破不堪的老家廚房，而此地，也正是當年父親殺害母親分屍焚屭的現場。

問心無愧

失去父母的孩子，成長過程中更需要關懷與正向引導，如果身邊有這樣的孩子，你我別忘了適時伸出援手。

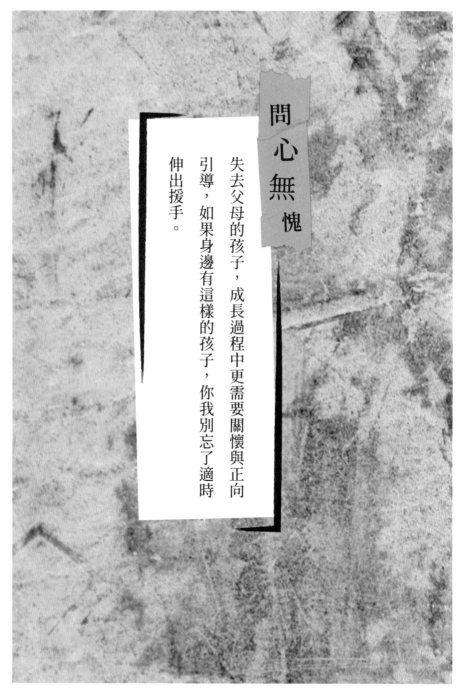

第三部

宜花東篇

011 街坊驚見亡童返家

花蓮5子命案

凶宅小檔案

打卡編號：011

案發地點：花蓮縣吉安鄉

案發時間：2006 年 9 月 4-5 日

屋宅類型：3 層樓透天住宅

凶宅編號：011

街坊驚見亡童返家 花蓮5子命案

《蘋果日報》的「凶宅打卡」專欄始於2014年3月10日，首篇刊登的就是「花蓮5子命案」，這起案件令安九印象異常深刻，迄今難以忘卻，那一張張殘忍恐怖的現場照片，5名子女慘遭殺害後被堆疊棄置浴室內，肢體腫脹、屍水流洩，而凶手竟是他們的父母，當年照片影像因爲過於駭人，最後以黑白變色、打馬賽克處理。

案發9年後，在距離現場不遠的當地慈雲山區發現了兩具男、女白骨，經查就是凶嫌夫妻倆，只不過，究竟有什麼樣的難處，必須狠心殺害自己的孩子，在兩嫌曝屍荒野後，再也得不到解答。

這起震驚全台的命案發生在花蓮縣吉安鄉，有著白色磁磚外牆的一棟3層樓透天民宅，環境淸幽整潔，社區內連棟式的建築、左鄰右舍聲息相聞。2006年9月，48歲的男子劉志勤與小他13歲的第二任妻子林眞米，用餵毒、勒斃等方式，在家中謀殺了9歲至18歲不等的5名子女，再以膠帶纏面、黑袋套頭、鐵絲綑綁手腳，最後用棉被裹屍堆疊棄置在3樓浴室，夫妻倆作案後逃逸失蹤。

在命案發生後，檢警曾將凶宅大門貼上封條，封屋時間長達一年，拆封還屋時還率隊進行最後巡視，只見囤屍的浴室內，烏黑色乾涸的血跡仍在，室內的家具擺設一如當初，但這段期間無人進出的空屋，竟絲毫不見蜘蛛網與蟑螂、蚊蠅，當地人士也詫異：「事後打掃時，連顆蟑螂屎都找不到，眞是奇怪！難道蟑螂也怕？」

當時曾有一名獨眼道士，無懼流言在此開設神壇求鬼辦事，但僅僅住了2個月就匆忙搬離。2008年3月，時任花蓮縣警局的局長爲了破除迷信與坊間疑慮，曾帶著一本《資治通鑑》入住7晚，孰料事後大病一場，不過他強調身體不適應是運動過量所致，與凶宅無關。

有一名大學生知悉此事後，也寫信到警局，希望能以便宜的價格租下凶宅外宿，但這名自認膽大的大學生，也只住了一個多月，就打包走人，有警員詢問他爲何不繼續住下去，大學生無奈地說，每晚入睡後，都會夢到一個小弟弟站在床邊，「他跟我說，哥哥，這是我的房間。」

這間凶宅之後陸續仍短暫租給他人，2010年，一對從事直銷業的母女來此租屋，面對警方專案小組特地前來關心，婦人笑稱，此處距離市區近，租金低廉、夜間又安靜，加上自身信奉基督教，不拜鬼神也不相信有鬼。

未料兩週過後，專案小組再度前來進行訪查，卻在1樓客廳的牆上，發現了一尊手工製作外觀粗糙的紙紮觀音像，貼黏在厚紙板摺成的方框裡，當時警方指著這個DIY的「觀音神龕」詢問婦人：「妳們基督徒有信這個嗎？」只見母女倆什麼都不願說，而這次連一個月都不到，兩人便火速搬走。

而在蘋果記者實地走訪當地時，附近的居民也透露，5子命案凶宅的隔壁，原有一對擔任護士的姊妹居住，案發後一年多，某天姊姊凌晨下了夜班，拖著疲憊身軀返家，卻在家門前看見一個紮著雙辮、身穿白衣花裙的小女孩，正拿著鑰匙準備開門。

姊姊覺得奇怪，於是叫喚對方，只見小女孩一回頭，姊姊這才發現是鄰居小孩，恍惚間還好意提醒對方：「妳家在隔壁喔，開錯門啦。」當時小女孩聽完開心答謝，隨即跳著步伐走向隔壁開門回家，而姊姊進屋回神後卻驚覺，剛剛那個開門的小女孩，不就是5子命案死者中年紀最小的妹妹嗎？

當事人嚇得連忙去警所要求報案，還向警方提到：「小妹妹一年不見，長高不少。」事後整整一星期，都不敢返回住處，最後護士姊妹倆只得儘速搬家。而之後安九在整理凶宅相關資料時，又委請記者再度前往，但這棟凶宅已門戶深鎖、似無人居，對照兩旁緊鄰的正常住家，顯得格外靜謐陰森，鄰居面對詢問時，也都低調不願再多作回答。

不過，一名退休的警員向記者指出，曾有長官聽聞死者親屬天天被鬼纏身，於是找來包括他在內的數名八字輕的警員，選定陰氣最盛的一天夜晚，在法師陪同下，帶著糖果餅乾到5子骨灰暫厝的靈骨塔，齊聲同喊：「有冤屈就說出來！歡迎來找，趕快破案，我們就快點放假！」

警員說，哪知幾天後在凶宅旁執勤盯哨時，妻子突然來電哭嚷，表示下午出門倒垃圾時，見到一名穿著卡其學生制服、理著平頭的少年，站在家門外怒視瞪著她，妻子說：「我正想問他話，卻看見落葉飄下來，穿透了那孩子的身體掉落地面。」

警員返家聽完妻子描述的少年長相後，趕緊拿出3張不同角度的5子案全家福照片給妻子看，未料妻子毫不猶豫地就指認出照片裡的同一個人，直呼剛剛看見的那個少年就是他，警員說：「我也嚇一跳呀，因爲那個少年，就是第一個被殺掉的長子！」

而花蓮5子命案發生後的第9年，2015年6月9日，在距離凶宅約兩公里的吉安鄉慈雲山山區，劉志勤與林眞米的骨骸終於被發現，警方也證實，凶嫌夫妻倆是以喝農藥自殺的方式走向人生終點。當時有鄰居向蘋果記者表示，在前一天深夜，曾聽聞社區巷內傳出聲似「追、追、追！」的高分貝鳥鳴，他抬頭尋找音源，才發現凶宅3樓的平台上停了五隻夜鷹。待次日看電視新聞，才知道原來劉姓夫妻被尋獲了。

問心無愧

虎毒不食子，兒女是上天的恩典，
既然生下了他們，就該善盡父母之責，
而非任意剝奪他們的生命。

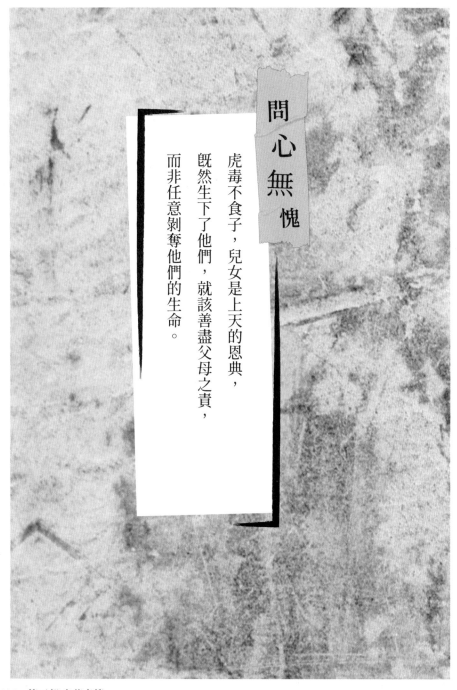

012

飄盪在空中的怨婦

羅東SM殺妻命案

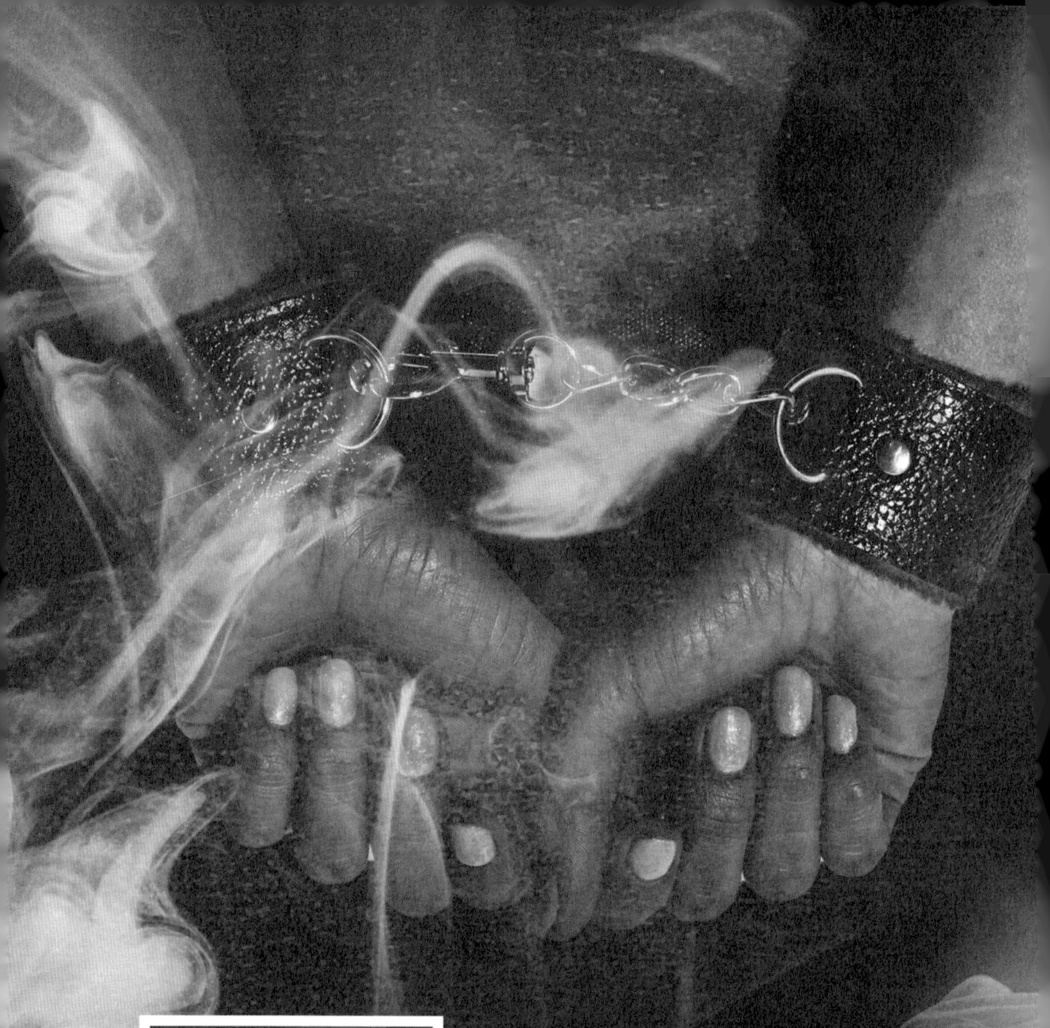

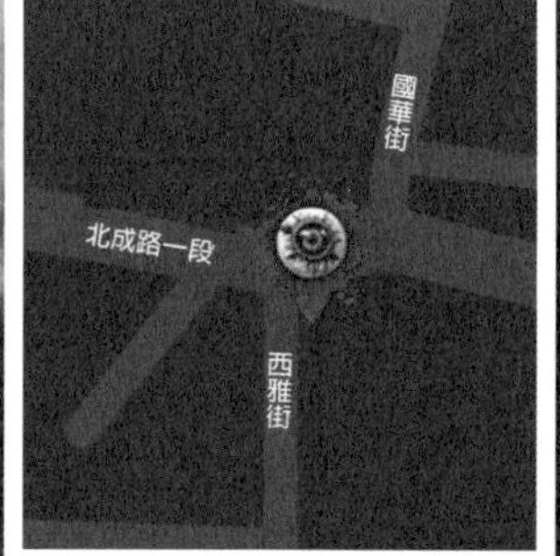

凶宅小檔案

打卡編號：012

案發地點：宜蘭縣羅東鎮

案發時間：2005 年 5 月 27 日

建築類型：3 層樓透天厝

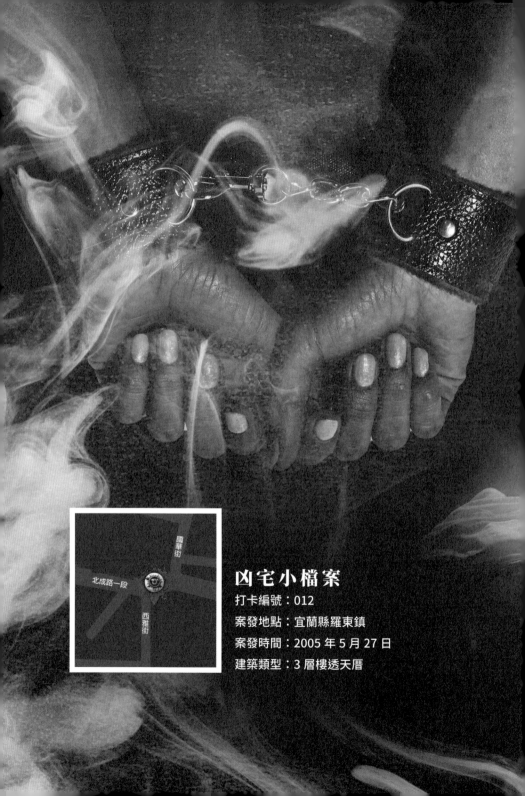

凶宅編號：012

飄盪在空中的怨婦
羅東SM殺妻命案

細數屋內的成員，為什麼憑空多出了一名陌生的女子？神情哀怨地飄盪在空中，而她，又是誰呢？宜蘭縣羅東鎮一棟透天厝，3層樓的建築，外觀簡單明亮，但在多年前，這裡發生了一起少婦慘遭丈夫性虐待致死的命案，案發時，當地居民都十分震驚，對於後續發生的匪夷所思的現象，更是議論紛紛。

時間回到2005年5月下旬，住在這戶的一名少婦（當時33歲），被發現陳屍在住處2樓臥室，當時案發地點的2樓，總共有3個房間，幾乎到處都留有死者的斑斑血跡，少婦斷氣時雙手滿是瘀傷，下身私處更曾慘遭鋼管插入，最終失血過多身亡，死狀淒慘。

由於屋內並無外力入侵的跡象，加上報案人就是死者的林姓丈夫（當時41歲），面對警方的訊問，林男態度漠然平靜，彷彿一切都事不關己，警方經過深入調查，最後確定凶手就是死者的丈夫。據了解，林嫌是一名當地的賣菜小販，沒事就喜歡酗酒，與妻子感情不睦，長年習慣施暴，只要妻子一不順他意，就動輒辱罵、痛毆對方。

更恐怖的是，林嫌有個非常變態的「性」趣嗜好，喜歡強迫妻子進行ＳＭ性虐遊戲，殘暴的行爲經常把對方弄得傷痕累累、生不如死。林嫌向警方供稱，案發前一天，他和妻子在住家2樓臥室喝酒，自己酒後性慾高漲，便要求對方配合行房，過程中他曾拿著兩端壓扁卻帶尖角的不鏽鋼管，狠狠插入妻子下體「助性」。

經歷這場痛苦折磨之後，隔日林嫌發現妻子下體大量出血，他稱一度以爲是生理期來了，晚間8時左右，林嫌說還曾聽聞妻子叫喚女兒倒水給她喝，怎知到了晚間10時許，就發現妻子已倒臥在2樓臥室，氣絕身亡。不過，鄰居表示，這對夫妻平時感情就不太好，時常會有口角，案發當晚曾經聽見女方高呼大喊救命。

案發隔年8月，林嫌被台灣高等法院依傷害致死罪，判處7年有期徒刑。

而在命案發生之後，這棟透天厝經過清理重整，便出租給一名從事房屋仲介工作的業者，當時這名業者以異常低廉的每月8千元租金，租下這一整棟透天厝，原本還自認爲十分幸運，怎知道後續的生活卻開始不得安寧。

業者曾向蘋果記者表示，入住這棟房子後，自己7歲的兒子獨自在玩遊戲機時，明明選擇的是單打模式，過程中卻突然有「東西」跳出來跟他對打，這場靈異雙打，把年幼的兒子嚇得當場嚎啕大哭，而業者開設的房仲公司的員工，也不時出現莫名頭痛頭暈、反胃嘔吐等身體不適狀況，最後紛紛離職求去。

在這段期間，業者坦言除了家庭、生活上諸事不順，公司的業績也接連9個月都冷清慘淡，甚至有一名女員工信誓旦旦地說，曾親眼目睹在屋內1樓和2樓間，出現一個穿著碎花布裙裝的陌生少婦，在空中悠悠飄蕩著，瞋目望著屋內的一舉一動，女員工形容，那名看起來有點半透明的少婦，眼睛總是瞪得大大的，面容慘白憔悴，流露出哀傷的氣息，而且還出現過好多次。

當時房仲公司人員都爲此感到困擾又害怕，工作情緒也大受影響，就怕自己一不小心會看到那位憑空多出來的陌生女子，業者後來向當地警局查詢，這才驚覺原來是當初自己貪小便宜，租到了一棟發生過命案的凶宅。

業者的親友們獲悉後，便把這些晦氣離奇的遭遇，認定是死者怨厲之氣作祟，業者爲平息惶惶不安的人心，陸續找來了3位法師，在死亡少婦陳屍處的角落位置，設置八卦鏡鎮煞，又針對當時把少婦遺體運出的那扇門，特別作法封住，甚至還請來一尊關公神像，佈符鎭壓邪靈。

事實上，業者在得知死者生前的悲慘際遇後，內心也很不忍，非常同情對方，曾提出冥婚的想法，表示：「如果能夠幫助對方脫離苦海，我願意與她冥婚。」只不過，在台灣的民間習俗上，想要辦理冥婚，必須先得找到女方的家屬，但任憑他想盡辦法四處打聽查訪，都無法獲得死者娘家的訊息，最後不敢接連不斷的霉運，他只好結束營業收拾家當，失意地搬離這棟透天厝。

安九記得，當年要刊出這篇「凶宅打卡」內容時，還又委請蘋果的記者再次前往該址查訪，當時記者回報表示，這棟住宅應該又租出去了，因爲這一戶的門前停放著一輛休旅車，不過室內似乎無人在家。

街坊也私下告訴來訪記者，這一段恐怖悲慘的往事已經過去了，逐漸地被當地居民淡忘，不過，他們仍就十分感嘆，當初這對夫妻感情原本就不好，尤其是老公非常專橫強勢，酗酒後動不動就對老婆施暴，只是沒有想到最後老公竟然會殘忍無良到性虐殺害老婆。

問心無愧

如果婚姻中另一半會施暴，

一定不是眞心愛你，切勿委曲求全，

請撥打家暴專線１１３或報警速速走人。

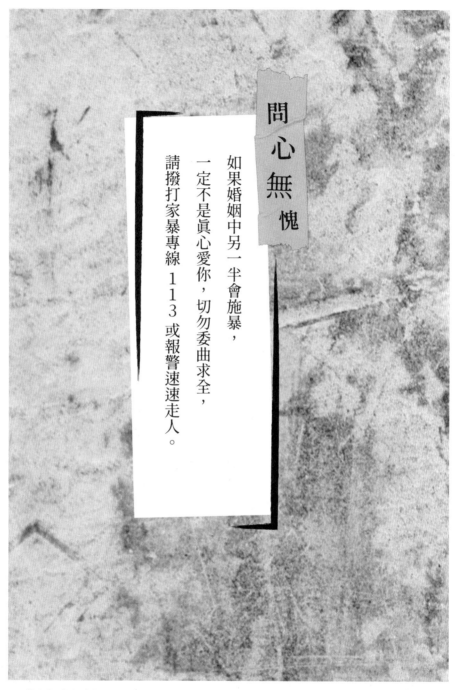

013
空靈木魚
聲聲伴魂
惡女謀財害命殺恩人

凶宅小檔案

打卡編號：013

案發地點：花蓮縣吉安鄉

案發時間：2008 年 6 月 1 日

建築類型：2 層樓透天厝

凶宅編號：013

空靈木魚聲聲伴魂
惡女謀財害命殺恩人

雖然有諺語說「受人點滴，當湧泉以報」，但世間還是有不少惡徒恩將仇報，這起殺害女法師的命案，就是一個令人深感遺憾的社會事件。而《蘋果日報》當時負責報導的記者，也在採訪拍照過程中，遇到了一些無法解釋的不可思議狀況。

奇怪！明明都過了午夜時間，大家早已入睡，為什麼還有人在敲木魚念經？沉靜如水的夜色中，剛剛搬到花蓮縣吉安鄉某精舍旁不久的新住戶，耳邊傳來一陣一陣的木魚誦經聲，隔天他向街坊詢問，卻得到「用不著害怕，應該是阿姑啦」的回應，這才知道精舍從前發生過命案，一個在當地頗有名望的女法師慘遭殺害，但新住戶也不解地說：「半夜聽到雖然很奇怪，但心中卻反而感覺很平靜。」

遭到殺害的女法師當時71歲，生前被信徒與弟子們暱稱爲「阿姑」，16歲時出家爲尼，修行佛法，爲人慈悲謙和，年輕時，曾與證嚴法師同在玉里鎭修行，算是師姊妹。性格溫暖善良的她，收容過許多無家可歸的孤兒，幫這些孩子找到合適的收養家庭，也曾經擔任吉安鄉三級古蹟慶修院的住持，爲台灣保留了珍貴的文化資產。

隨著年歲漸大，法師最後帶著5名收養的孤兒，搬到當地這間精舍定居，在她細心的呵護照顧下，5個養女健康平安地逐漸長大，幾乎都很爭氣，有人讀到了碩士博士、也有人經商成家，在案發前，只有年紀最小的么女（當時17歲），還在就讀高中二年級，尚未成年。

不過，就在2008年6月1日這一天，發生了讓弟子們心中最悲痛的慘劇。法師被發現陳屍在精舍的2樓，警方經過調查蒐證，赫然發現凶嫌居然是法師最小的詹姓養女（當時17歲）及其男友。弟子們指出，女嫌還在讀高中，不敢相信她竟會下毒手殺害自己的恩人，「阿姑最疼的就是小女兒，爲了接送她上下學，50歲才去考駕照，但沒有想到竟養虎爲患！」回憶起法師生前的點點滴滴恩澤，弟子們都忍不住心痛落淚。

據了解，這名殺害法師的養女個性叛逆，案發當年，她同時與一名女網友、及同校的少年交往，三角戀情轟轟烈烈糾葛不清，也讓法師獲悉後相當頭疼，不斷地溝通設法導正。可是不知感恩的養女總認爲，法師管得太嚴了，又不准談戀愛，連朋友來電也要詢問過濾，因覺得很煩很討厭，竟然萌生了「只要殺了她，我就自由了」這個念頭。

惡向膽邊生的養女有了這樣的想法後，便心生一計，她告訴同校的男友：「如果你幫我除掉她，我就和女網友分手，只和你在一起，你敢不敢？」男方爲了得到女方全部的愛，竟然也不辨是非，答應了這個天理難容的要求，願意爲女友下手殺害有恩於她的法師。

案發前一晚，已有預謀的養女趁著法師已經熟睡，躡手躡腳地去打開了精舍大門，領著男友悄悄進屋，兩人先躲在2樓的臥室，等到凌晨3時許，法師起床做完早課，男嫌便取出預藏的鐵棒，從後方偷襲法師，朝她後腦猛力敲擊兩下，法師在昏迷前還慈悲地說：「你是誰？告訴我，我原諒你。」

豈知這兩名凶嫌做案後，居然一不做二不休，又拿出了尼龍繩，合力將法師勒斃，還偷走了6萬多元現金逃逸，兩嫌殺人後也毫無悔意，隔天居然跑到保齡球館打球玩樂，或許是冥冥中自有定數，就在這對年輕男女騎機車想要逃亡到屏東時，機車在鳳林鎮突然故障無法發動，男嫌當時去電友人求助，警方便根據發話位置追蹤，隨即將他們逮捕到案。

當時跑這則新聞的蘋果記者告訴安九，就在命案發生後，自己是第一個趕到現場的記者，他從精舍的陽台望進去，還能看到法師的一雙腳，基於工作職責所在，一看見這個場景，他便趕緊拿出相機進行拍照，「眞的很離奇，明明相機沒壞，但快門那時候就是按不下去！」

遭遇這樣的意外，他只好連忙呼叫同事前來支援，哪裡知道對方趕到現場後，也發生了一模一樣的狀況，「發生一次可以說是巧合，但兩次都這樣，就眞的很邪門了！」記者說，當下他與同事兩人面面相覷，背脊發涼、心裡發毛，只好不斷地默念阿彌陀佛並且誠心道歉。

直到警方後來在命案現場拉起了封鎖線，將所有趕來現場採訪的媒體都阻隔在屋外，蘋果記者的相機才恢復正常。記者向安九表示，其實當時自己突然有個念頭閃過，可能是法師慈悲敦厚，縱然自己已慘遭不幸，也不願最疼愛的養女被輿論指責。

而多年以後，那位記者爲了「凶宅打卡」單元重返現場，他坦言，當再次望向精舍的2樓陽台時，腦海中便清楚浮現出當年法師露出的那雙腳的影像，也回想起與同事的相機卡機靈異事件，「我再度回去現場的那天，其實天氣非常炎熱，但我竟不自覺地仍冒了一身冷汗。」

問心無愧

慈悲爲懷的人總是以德報怨，
但對於恩將仇報者不必心軟同情，
應保持距離、或訴諸法律給予懲罰。

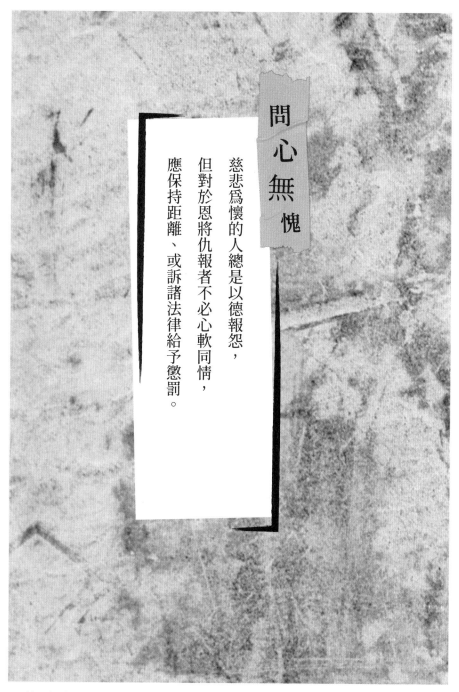

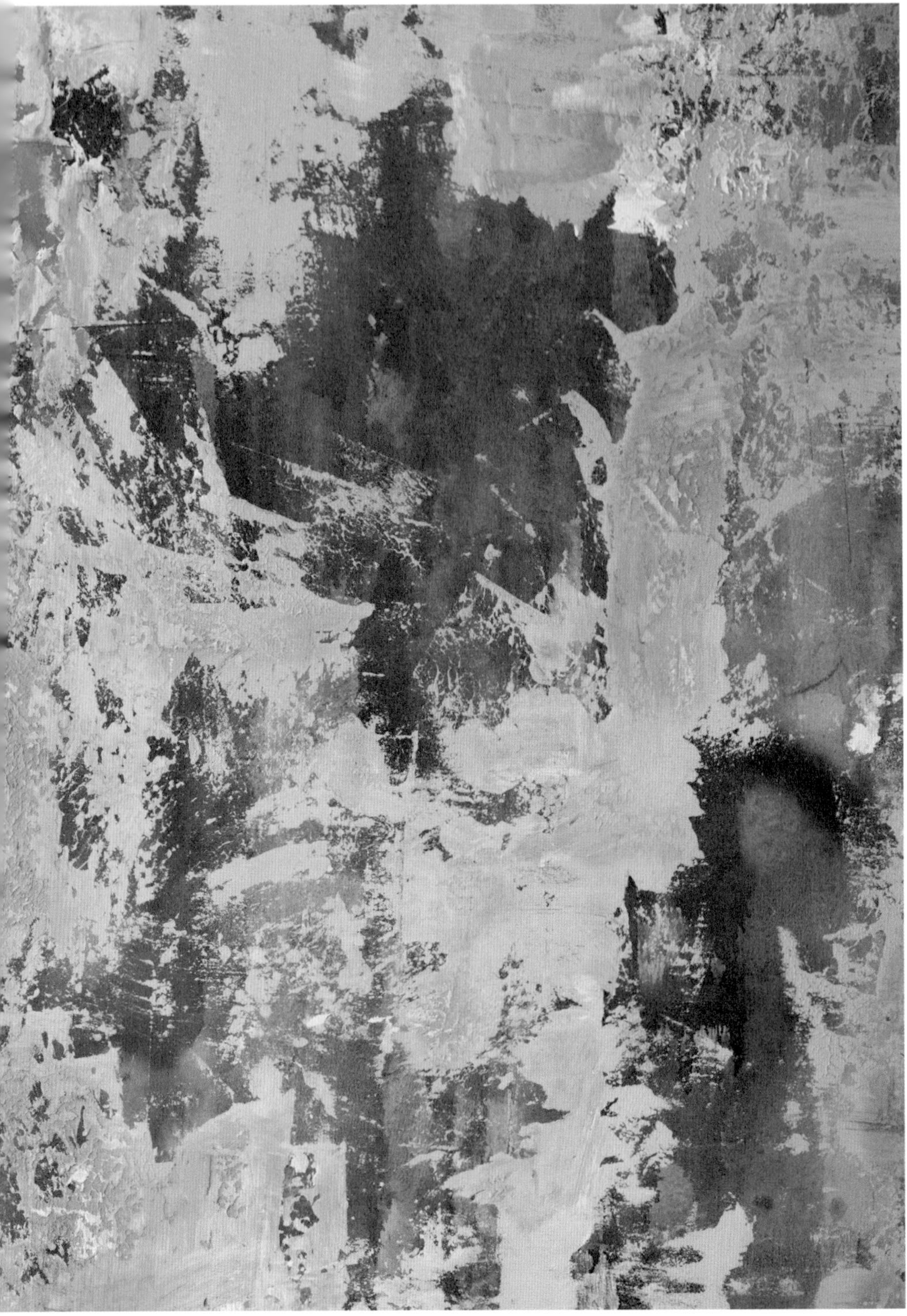

第四部 中南部篇

014
夜半陰間
鬼來電
水上鄉電鋸分屍案

凶宅小檔案

打卡編號：014

案發地點：嘉義縣水上鄉

案發時間：1994 年 10 月 3 日

建築類型：2 層樓透天住宅（現已拆除）

凶宅編號：014

夜半陰間鬼來電 水上鄉電鋸分屍案

夜深人靜的時刻，電話鈴聲突然地響起……「鈴！鈴鈴！」接起話筒，電話那一端卻又無聲以對，沉默凝結的空氣中，只聽到些許輕微的雜訊和喘息呼吸聲。

1994年，嘉義縣水上鄉這個純樸的小鎮，發生了一樁駭人聽聞的雙屍命案，凶嫌爲了謀取5百萬元公款，相繼殺害了2名同事，還企圖以電鋸分屍，凶嫌落網後遭處死刑，但之後凶宅內怪事接連不斷，後續入住的房客不但慘遭鬼壓床、惡夢連連，半夜也老是接到詭異的不明來電。

1994年10月，在汽車公司擔任銷售人員的何典任，覬覦同公司李姓會計主任時常經手龐大公款，當時個性老實木訥的李男，負責保管賣車款項及公司的存摺、印章，並專責隻身到銀行處理電匯業務。反觀能言善道的何典任，除了工作時推銷賣車，平常就愛吃喝玩樂，還不時找另一名林姓同事，相偕前往高消費的娛樂場所縱情聲色，兩人因此經常入不敷出。

當年10月3日，何典任得知李男已塡妥5百萬元巨款的提款單和電匯單，準備要去銀行辦事，認爲機不可失，便將其誘騙到自己位於水上鄉的租屋處，當時何嫌假意與李男在2樓書房閒聊，隨卽趁其不備，拿枕頭用力壓住對方的臉，並用雙腳強壓著對方雙手，等到李男窒息昏迷，何嫌就取出啞鈴重擊他頭部，當場被害人頭骨喀地碎裂聲，取代了淒厲的慘叫，鮮血與腦漿瞬間崩裂，四處噴濺，也染紅了枕頭。

何嫌在得手提款單後，打算盜領公款，便致電酒肉朋友林姓同事，當時林男在月前已因挪用公款而被免職，正值經濟窘迫，在何嫌告知這個生財計畫後，急需金援的林男立卽一口答應同謀，但他並不知道，自己也是何典任「殺人謀財」計畫中的犧牲者，正一步步邁向死亡。

原來何嫌刻意隱瞞了已將李男殺害取得提款單的事，僅告知林男要假冒身分去銀行提領巨款。在林男協助下，5百萬元公款果然盜領成功，而就在計謀得逞後，何嫌爲了獨吞這筆錢，便表示要請客，替離職不久的共犯林男送舊兼慶功，接著就帶對方去享用大餐。

兩人吃飯喝酒的過程中，何典任不斷敬酒勸酒，將林男灌醉，隨後將爛醉如泥不醒人事的林男載回自己租屋處，心狠手辣的何嫌故技重施，再次高高舉起啞鈴，無情地用力敲擊對方頭部，導致林男頭顱破裂、重傷死亡。

事後何典任爲了毀屍滅跡，使用預先備妥的電鋸，在透天租屋處的樓下浴室內想要肢解死者，以便分屍後裝箱丟棄，何嫌先以電鋸切割林男的腹部，哪知道一切開肚子，大量的鮮血就立刻噴濺到他全身，死者的臟器與腸子也從破口一湧而出。恐怖血腥的景象完全超乎他的想像，眼見無法收拾，驚嚇過度的何嫌只得作罷，手腳顫抖帶著巨款駕車潛逃，但法網恢恢，最終仍然落網被捕。

承辦的警員回想，當年接獲報案進入凶嫌何典任的租屋處時，起初只聽到屋內播放著音樂，但一進入浴室裡，就看到慘遭開腸破肚的屍體，僅能用血肉模糊、不成人形來形容，內臟與腸子掉落一地。而走上2樓書房，發現地上還躺著另一具屍體，周圍滿是斑斑血跡與腦漿，空氣中瀰漫著陣陣濃郁腥臭的氣味，景象宛如煉獄。

面對記者詢問時，鄰居透露，案發後屋主將這一戶清理後又重新出租，但遷入的房客經常會在深夜接到無聲電話，接起話筒後，另一端除了急促的喘息呼吸，不發一語，「他們說每次好不容易睡著，就被刺耳的電話鈴聲吵醒，但喂了半天，對方都不答話。」說是惡作劇也不像，畢竟沒有人會故意熬夜，等著固定在凌晨時分打電話到發生過命案的地方，而房客幾經詢問，親友也都表示從沒在半夜打來過。

此外，住在裡面的人也不時發生鬼壓床的事件，明明躺在床上還未入睡，肢體卻突然動彈不得，張開嘴卻無法發聲呼救，就好像案發時被害者遭受壓制的對待，房客每晚幾乎都會做惡夢。

還有的租客家中小孩，曾經指著浴室童言童語地說：「流血了！殺人！殺人！」彷彿見到命案發生時肢解分屍的畫面，嚇得每任房客總是沒住幾天就匆忙搬離，甚至有2、3戶隔天就決定搬走落荒而逃。

雖然屋主爲了解決這些無法解釋的困擾，曾請來高僧進入凶宅內誦經，希望能超渡枉死的亡魂，也在各房間內貼上鎮煞的符咒，不過，這處凶宅卻一直無法順利出租出去。屋主無計可施之下，最後只好上鎖任其空置荒蕪。

但在多年以後，當時支援「凶宅打卡」單元的記者再度前往探訪時，只見凶宅與附近的眷村通通都已拆除，建築夷爲平地，也讓這起恐怖的血案永遠埋藏在人們的記憶裡。

問心無愧

夜晚接到無聲來電眞的很擾人，如果不幸接到了，建議（手機）關機、或把話筒拿起放旁邊。

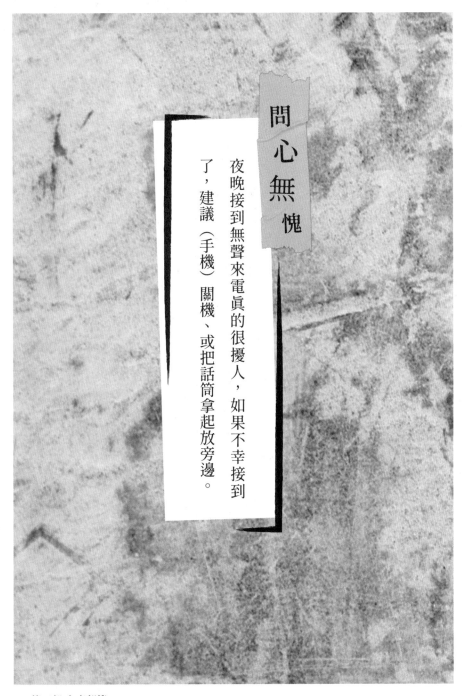

015

血洗凌遲6小時

妒男虐殺4死案

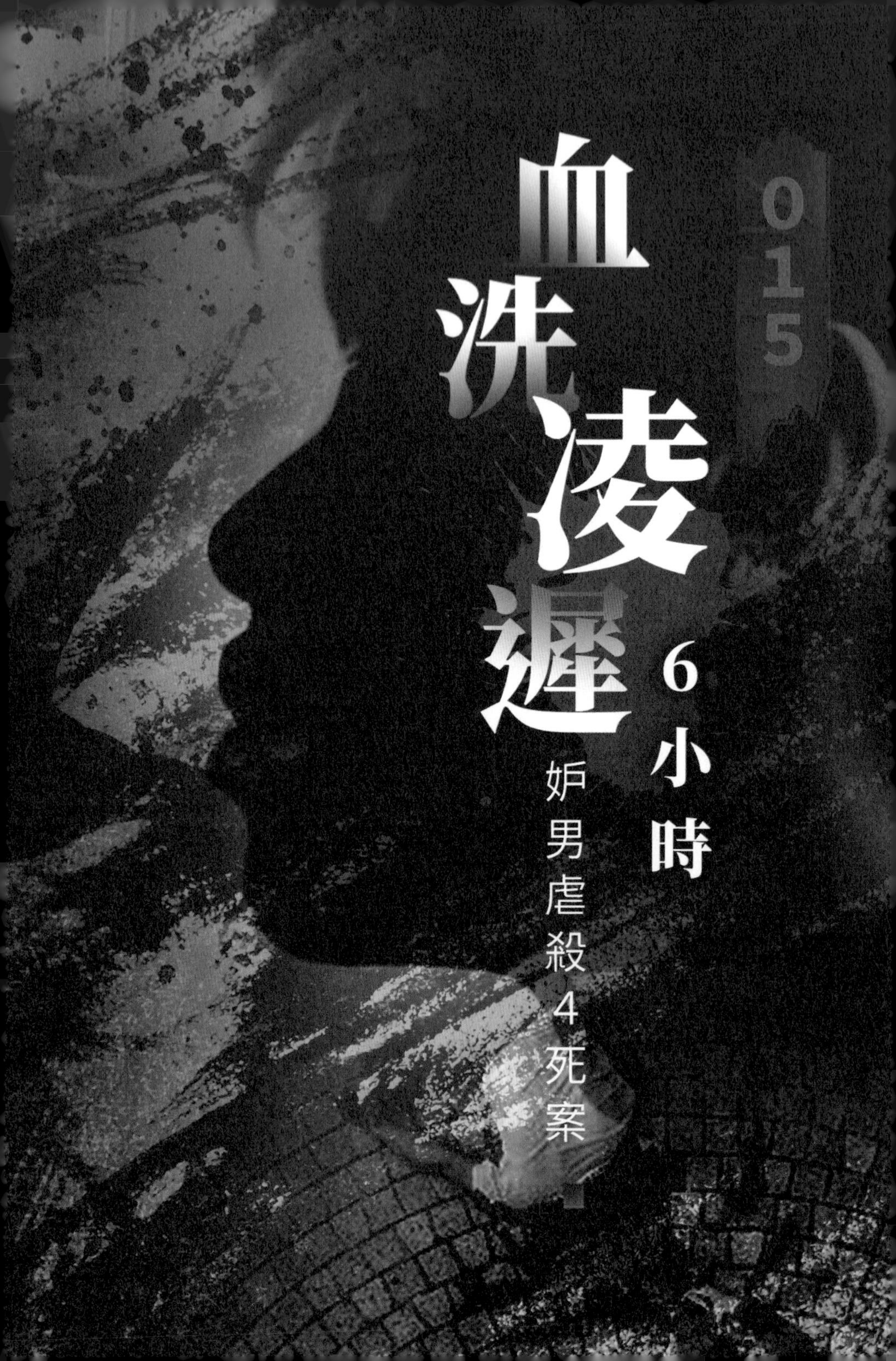

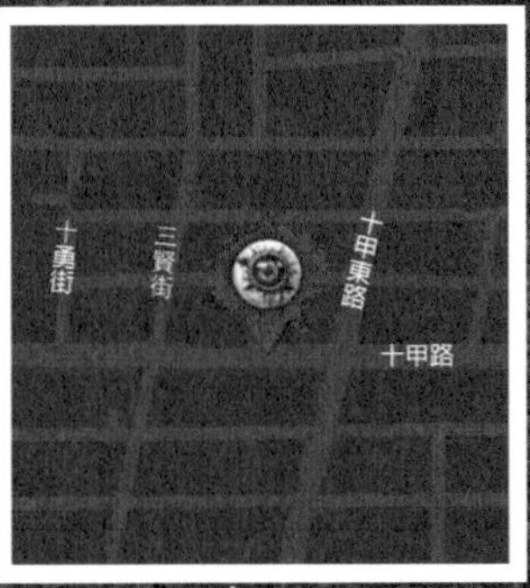

凶宅小檔案

打卡編號：015

案發地點：台中市東區

案發時間：2004 年 1 月 5 日

建築類型：11 層樓社區華廈

凶宅編號：015

血洗凌遲6小時　妒男虐殺4死案

男女間的感情一向是不少人的人生關卡，但無論情路如何顚簸難行，甚或卡關終結，也不能用殘殺他人生命作爲解決方式。

2004年元旦過後的一個早晨，台中市東區某社區大樓，突然傳出「砰」的一聲巨響，當時23歲的男子洪國揚，在短短6小時，虐殺女友與室友等4人後，畏罪跳樓自殺，還留下「如果我得不到，別人也休想得到！」的遺書內容。

是什麼樣的情恨，竟要用4條命來血洗！這起連環殺人案的凶手洪國揚，是名汽車板金工人，洪男雙親因參加吉普車車隊，常帶孩子一同出遊，洪男因此認識了父母車隊隊友的女兒小文（化名，當年19歲），之後私下交往成爲男女朋友，由於洪男脾氣差、性格暴烈，小文又還在念夜間部，兩邊家長都反對他們談戀愛。

不過，被愛沖昏頭的小文不顧父親勸阻，執意要與洪男在一起，父女幾經爭執後，案發前半年，小文乾脆離家搬去與洪男租屋同居，住在台中市東區某大樓9樓單位，父親憂心之餘，便叫小文的姊姊（21歲）也搬過去，就近照顧，室友還有一對小文姊姊的高職同學情侶檔（男25歲、女22歲）。

據了解，洪男與小文認識約3年，在同居後本性日漸暴露，常因易怒、言行激躁與女友口角，甚至引發暴力衝突，有時發出的聲響過大，連鄰居也多有所聞，在這段處於危險平衡的愛情關係中，小文時時刻刻都提心吊膽，最後終於不堪精神折磨，委婉地提出分手，希望好聚好散，未料洪男卻嗆聲：「妳敢分手，就殺妳全家！」

2004年1月5日清晨7時多，小文的父親突然接到一通電話，話筒那端只傳來喘氣聲卻無回應，隨即手機接到一通「救命」的簡訊，父親一查看，發現是小文所發出的，便立刻動身前往兩個女兒的租住處查看，同時間小文的一個男同學，同樣接獲手機求救簡訊，也趕往了解。

當天男同學先抵達現場，洪嫌聽到門鈴聲出面應門，面對關心小文的詢問，洪嫌面無表情地謊稱：「她去上班了。」隨即關上門，但男同學越想越覺得不對勁，因爲他曾聽聞，洪男酷愛玩刀械，家裡就收藏了兩把，男同學唯恐有意外發生，考慮後再度上樓敲門，誰知道這次卻是小文渾身是血地爬出來開門。

男同學見狀大驚，急忙衝下樓找管理員協助報警並叫救護車，而小文姊姊的男友當時恰巧在樓下等候女友，於8時許也接獲手機求救簡訊，衝入大樓時，剛好遇到小文的男同學與父親，大夥還不及進屋查看，就聽到「砰」的一聲墜落巨響，發現洪嫌已從9樓一躍而下，跳樓摔趴在中庭當場身亡。

警方到場進屋後，發現室內血跡斑斑，客廳電話線已遭扯斷，小文胞姊及情侶檔室友均陳屍房內，兩名情侶檔死者仰躺在自己床上，小文的姊姊則在床邊，口鼻被膠帶封住，腳旁有一把染血小武士刀（主要凶刀），房門口則留有一把番刀。3人不僅被利刃割喉，頭、頸部另有多處刀傷，死狀淒慘。

據悉在案發前一晚，小文疑又爲了分手問題與洪嫌失和，洪嫌認爲女友求去是因其胞姊唆使，加上另2名情侶室友因洪嫌不繳房租，叫他搬出去並打算換鎖，令洪嫌更加火大，酒後決定下毒手進行血洗式屠殺。

當晚小文與姊姊同睡，爲了安全還將房門反鎖。孰料凌晨時，酒醉暴怒的洪嫌兩手各拿著利刃，先潛入情侶檔室友房內，趁著他們熟睡，猛砍男方頭部再狂刺頸動脈，頓時鮮血如紅雨噴灑落下，濺得牆面滿是血跡，睡在身旁的女友驚醒還不及反抗，也被洪嫌砍斷頸動脈，噴血慘死。

洪嫌隨即踹開姊妹倆的房門，衝入就朝小文狂砍，爲了保護妹妹，姊姊用手去擋，還負傷想去客廳打電話報警，但洪嫌追出一把扯斷電話線，將重傷的姊妹倆拖去情侶檔室友房內，過程中，洪嫌持續凌虐姊姊，敲掉牙齒又刺穿手肘，最後再一刀斃命，讓姊姊因驚駭過度失禁、死後出現全身起雞皮疙瘩的慘狀。

當時身中7刀的小文急智下裝死，手在背後暗中發手機訊息求救，這才躲過死劫。但獲救後陷入昏迷，直到姊姊頭七，才有感應般地甦醒。事後，警方在現場找到凶手洪國揚留下的一些遺書內容，雜亂地寫著「我就是想要的一定要得到，如果我得不到，別人也休想得到！殺了人，我也不在乎！」還有「對不起爸爸媽媽，我過不了情關，（女友名）我愛你⋯⋯」

據悉洪嫌跳樓摔落時，雙膝墜地、身體前曲，呈現猶如懺悔的跪拜姿勢。

遺憾的是，或許洪國揚眞的後悔了，但4個原本幸福的家庭卻從此支離破碎，後來情侶檔死者由家屬爲其冥婚，而此處曾歷經血腥浩劫的住宅，屋主也在徹底清理後低價轉手，儘管事隔多年，街坊的記憶已逐漸淡忘，但這刻骨的哀痛，卻永遠留在死者家屬的心上。

問心無愧

男女交往前應多觀察，
若發現對方有恐怖情人之虞，務必慢慢疏遠，
全力自曝其短，最好讓對方嫌棄先離開。

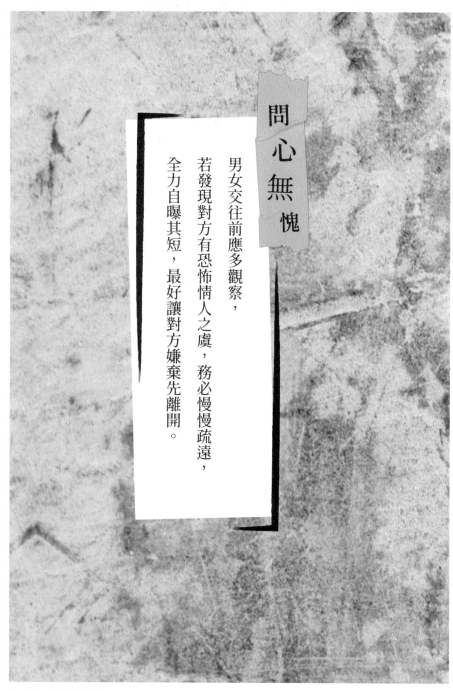

016
屋內遊走的白衣女
人魔陳金火分屍案

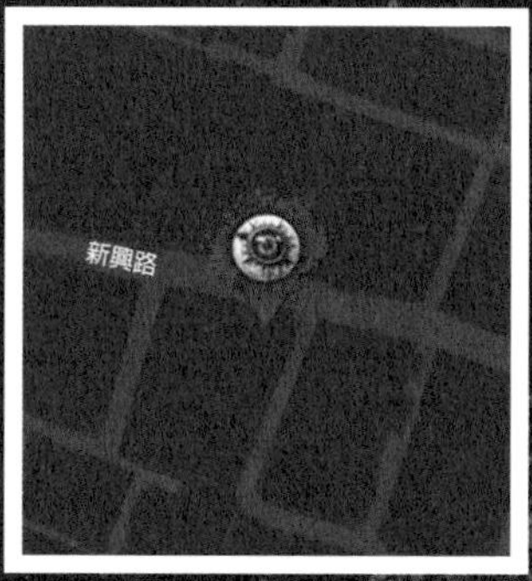

凶宅小檔案

打卡編號：016

案發地點：台中市龍井區

案發時間：2003 年 12 月 7 日

建築類型：3 層樓透天厝

凶宅編號：016

屋內遊走的白衣女
人魔陳金火分屍案

2003年這起命案發生時，安九正好進《蘋果日報》工作快一年，記得那天下午，地方中心派駐台中的同仁傳來即時訊息，指台中龍井地區發生了恐怖的分屍案，現場挖出上百塊人體殘骸，由於內容相當驚悚，社內相關人員聽完馬上從「待機」啟動爲「緊急」模式，傍晚召開編前會議時，這則新聞也被選爲當天的「A1」頭版頭條。

當時，台中的記者迅速分批傳來現場照片，畫面中，地上鋪排著一塊塊土黃色、約掌心大小的片狀或塊狀物，有種可怖的壯觀感，安九心想，凶手應該就是典型的心理變態，毫無人性與同理心。

當晚，有同事說：「今天有大案子要處理，大家手上都很忙，我們晚上要不要訂炸雞排來吃?比較快又方便。」以往只要有這種提議,大家必定熱烈歡呼響應,唯獨那天,同事們鴉雀無聲一片靜默……

縱使許多年過去了,物換星移,台中龍井在地人回憶起這段過往時,仍會不寒而慄。這起人神共憤的殺人分屍案,主嫌是當年在台中東海大學旁開設機車行的陳金火(當時47歲),2003年12月7日晚間,因陳金火對之前見過面的女保險業務員念念不忘、懷有淫念,於是和學徒廣德強(28歲)商議設計,由廣德強藉口想要投保、了解保險內容,去電邀請對方來機車行。

女方當時不疑有他,騎機車隻身前往,孰料她才一進入店內,陳金火便拉下鐵捲門,趁其不備痛毆,廣德強隨即拿童軍繩勒昏對方,接著兩嫌合力將其抱往2樓浴室,脫除衣物後性侵,接著嫌犯持刀割頸將女保險員殺害,再以近乎凌遲的方式,由陳嫌使用美工刀削去死者四肢皮肉,再以檳榔刀沿關節處切下四肢,拿黑色塑膠袋分裝成3包,分別藏在機車行的水塔和化糞池內。

由於死者當晚外出拜訪客戶後,直至深夜仍未返家,音訊全無,家屬擔憂發生不測報警處理,當時,死者胞弟也曾赴陳金火的機車行詢問,冷靜的陳嫌還把2樓房門打開，供死者胞弟查看。不過，百密總有一疏，警方發現陳金火案發後曾經使用死者手機，經調查分析，鎖定陳金火涉嫌重大，隨後聲請搜索票，前往機車行進行搜索。

過程中，警方在案發現場的透天厝逐層搜尋，雖然1到3樓均無所獲，但一打開3樓的水塔時，迎面撲鼻而來的，是一股濃郁屍臭，警方終於找到被大卸數塊的死者肢體，頭部僅剩皮相連，身軀上、下斷成兩段，雙手也遭斬斷成數截，甚至連皮肉都已被刮除。

緊接著，警方又在撬開的化糞池內，陸續尋獲被切割成碎片的近百塊皮肉、及死者衣物，警方初步整理後擺放在現場地上，整齊羅列開來，景象十分震撼；其實，在時隔多年以後，安九至今仍無法忘記照片中的畫面，一排一排濕漉漉的片狀屍塊，外觀形狀幾似蜜汁雞排，而遺憾的是，死者仍有部分殘骸未被找到。

在主嫌陳金火落網4天後，警方又逮捕了共犯廣德強，當時廣嫌拿著死者的筆電，前去東海別墅區的通訊行出售，被趙姓老闆察覺通報警方。而陳金火曾供稱，案發當晚廣德強割下死者兩處肉塊，用平底鍋下油煎後給他吃，吃完後他才知道是人肉，陳嫌的說詞，讓他被媒體冠上「台灣食人魔」

稱號，但對於是否眞的曾吃下人肉，檢警始終無法確認，均爲陳嫌單方面講法，兩嫌最後被判處死刑，於2012年年底槍決伏法，結束罪孽的一生。

歷經過這起分屍命案，陳金火機車行的透天厝也在清理整修後轉手出售，起初被一名經營佛堂、販售佛具的買主購入，但新屋主住進去後沒幾天，便匆匆搬走。附近鄰居透露，是因新屋主在屋內，時不時就會看見一名身穿白衣的女子飄盪遊走，爲此飽受驚嚇。而靈異事件傳出後，當地鄰里也議論紛紛。

這棟透天厝後來只好再度轉賣，由從事雕刻工作的第二任屋主接手買下，當成做生意兼住家使用，多年過去時至今日，該處現爲一間中醫診所，也再無傳出什麼異象。

事實上，陳金火在殺害女保險員之前，1991年3月1日，也曾有就讀東海大學社會系夜間部的女學生，在前往陳金火的機車行後就人間蒸發失蹤。當年承辦的警方經查認爲陳金火有重嫌，但陳嫌矢口否認、堅稱無涉，最後因證據不足成爲了懸案。

讓安九印象深刻的，還有一個恐怖的巧合，就是廣德強拿女保險員的筆電去通訊行變賣時，識破廣嫌並通報警方的關鍵證人趙姓通訊行老闆，在本案過後僅半年多的時間內，因爲婚外情糾紛，也慘遭小三斬首分屍，身首異處慘死，後來也被列入「凶宅打卡」個案單元之一。

問心無愧

女性夜晚應避免隻身外出與不熟識者會面，就算是白天，最好也不要獨自進入對方所屬的室內空間。

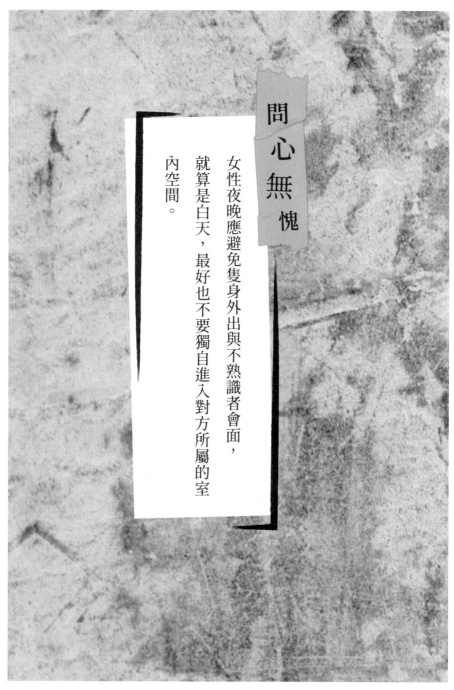

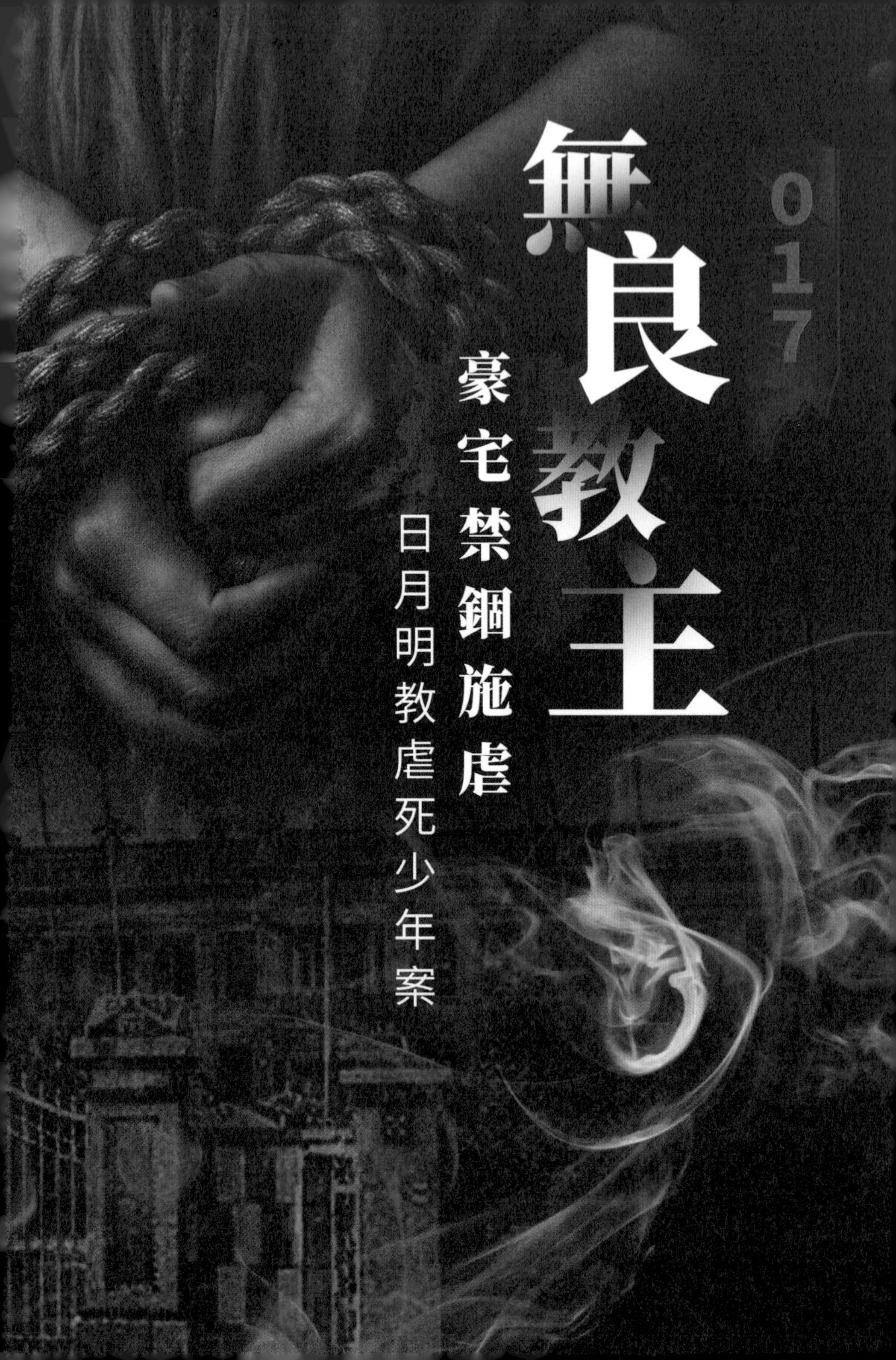
017
無良教主
豪宅禁錮施虐
日月明教虐死少年案

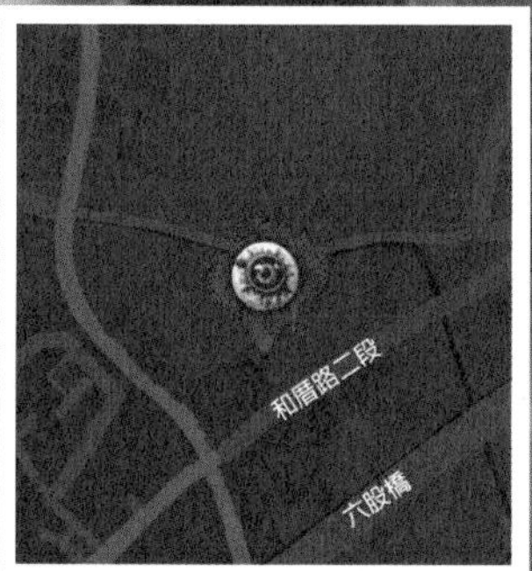

凶宅小檔案

打卡編號：017

案發地點：彰化縣和美鎮

案發時間：2013 年 6 月 5 日

建築類型：2 層樓巴洛克式建築

凶宅編號：017

無良教主豪宅禁錮施虐
日月明教虐死少年案

宗教信仰的力量非常強大，如果懷抱慈悲心，秉持正念、勸人爲善，是好的，但若涉入詐騙、斂財、控制、暴力、殺人，恐怕就會變成罪惡淵藪。以下這件曾轟動一時的神祕宗教虐死案，要從一個高中生之死說起。

歷經多年歲月的洗禮，在荒煙漫草間，這棟曾經華麗氣派的灰色古宅，也眞如其名在時間的流逝裡永久地沉默了。2013年6月，彰化縣和美鎮發生了一起高中生遭虐死案，一名迷信神祕宗教的婦人，將就讀高三的兒子帶往靈修地公審懲戒，在衆信徒輪番虐打、控制飲食下，囚禁18天後，斷送了年輕的寶貴生命。

這起慘劇的被害人是一名高三學生（案發時18歲），生前品學兼優，已獲得保送國立大學的資格，但他的母親卻沉迷於由陳姓舞蹈女老師（59歲）創辦的神祕組織「日月明功」，從案發前約十年間，婦人就經常拿錢捐獻，也會前往陳女的道場靈修，除了自己，也曾經大力遊說家人一起加入。

據了解，陳姓教主原本是一名舞蹈老師，離婚單身，在１９９７年時創立了日月明功，搖身一變成爲宗教領袖，由於出身彰化和美世家，她將道場設在家族祖厝，這處宅第是歷史近百年的巴洛克式豪宅，石灰色的質樸建築，細部線條卻精緻華麗，庭院花木扶疏，周圍高樹搖曳，陳女就在此招攬信徒、進行靈修聚會，會員每人年費約６、７萬元，還會定期舉辦訓練課程。

由於被害人的母親曾在那裡擔任廚娘，長期經陳女洗腦，早已入教多年，參加靈修活動時相當虔誠，她面對教主陳女的故作神祕，每逢問事時，皆是一副我什麼都早已知道的先知模樣，相當折服深信不疑，因此精神深受控制，故這名老實純樸的婦人在家人與教主之間，總是選擇聽信教主，不惜和丈夫、女兒交惡，丈夫因感情不睦離家多時，女兒也在外地念書，家中僅剩兒子與她相伴。

２０１３年５月，被害高中生因提早到學校一個半小時打掃，陳女知悉後覺得不尋常，認爲他說謊學壞，要求婦人將兒子帶來進行管教，對教主向來言聽計從的婦人，便替兒子向學校請了病假，隨卽將他帶往道場，囚禁在大宅後方一間不到5坪、門窗緊閉的磚造空屋內。

在陳女的指示下，婦人用童軍繩將兒子手腳反綁，與組織幹部等20人，對兒子展開公審，衆人輪番以水管、竹條狠狠地抽打，還不時甩巴掌、用腳踹踢，更栽贓其吸毒販毒，高中生遭拘禁後，每天僅被餵食稀飯、飲水，受暴力凌虐長達18天，身上傷痕累累，體重也爆瘦，僅剩不到30公斤。

6月5日時晚間，婦人突然發現骨瘦如柴的兒子失去意識陷入昏迷，趕緊打電話給在道場修行的幹部求助，但當時兩人擔心犯行曝光，會影響組織名聲，竟未在第一時間報警，而是自行開車把被害人送到台中市的醫院急救，可惜因嚴重營養不良引發器官衰竭，高中生當晚卽宣告不治。

東窗事發後，陳姓女教主被判處13年有期徒刑，其餘共犯各約3至4年，但卻再也無法挽回遺憾。隨著陳女判刑定讞入獄，日月明功成員也悉數撤出，偌大的宅第幾乎無人出入，僅陳家家族成員定期前往打掃，也開始有靈異傳聞出現。

當地傳出，有時在深夜時分，這處莊園會出現吹狗螺的異常狀況，當地居民也透露，晚間行經此地時，曾見到幽暗庭院內的荒煙蔓草間，有一名異常瘦削的年輕人踽踽獨行，步履緩慢，但轉眼間又突然失去了蹤影，知情者都盡量避免路過曾發生慘劇的磚屋附近。

2013年12月，有人發現，默園前的排水溝被撒下大量冥紙，上面還分別寫著「陳」、「死忠」、「明」、「死5人」、「巧」、「250」等怪異聳動的字樣，讓當地人士議論紛紛，居民表示，當下看見這種景象時，的確會感到不寒而慄，也擔心是不是有人下了詛咒，想要為枉死的高中生申冤。

在日月明功解散後，這棟大宅因為這起虐死命案，一直無人居住，荒蕪多年至今，在雜草叢生之下，顯得更加晦暗陰森。

而講到不正派的宗教，有更多案件是利用宗教之名吸金斂財，安九踢爆過的社會案件，大多都是以宗教內規為由，定期收取高額會費、要求捐獻供養教主、或斥巨資辦理消災祈福等法事；還有以老鼠會的模式，一個拉一個下線入教，遊說購買高價商品，面對這類宗教，大家眞的要擦亮雙眼、保持理性。

安九跑新聞時也曾經遇過，有自稱同業的宗教狂熱份子，三不五時見面就拉人傳教，但又並非一般常見教派，教義聽起來很含糊，也欠缺助人濟世的理念，諸如這種尊人爲神、入教先收錢的不明「新教」，建議大家還是三思而行不要衝動行事。

問心無愧

宗教信仰應單純正派，撫慰心靈、助人向善，若有人自稱爲神，藉故吸金自肥、精神控制信衆、破壞家庭和諧，以後應該會下地獄。

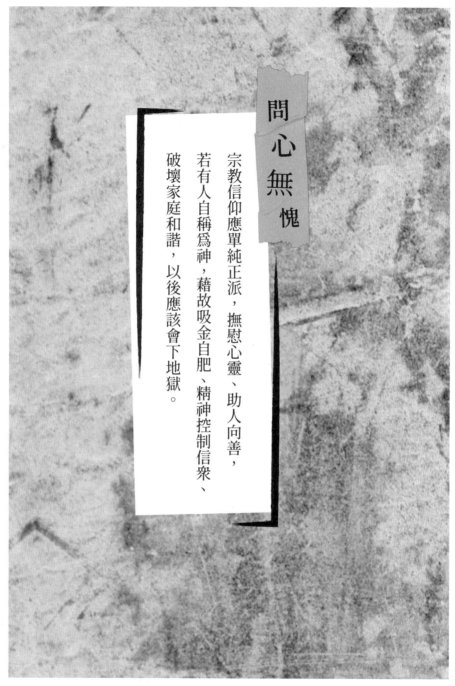

018

非我家人 入住索命

屋主坐式上吊怨念不散

凶宅小檔案

打卡編號：018

屋宅地點：台南市永康區

案發時間：2014 年 8 月至 9 月

建築類型：5 層樓別墅

凶宅編號：018

非我家人、入住索命！屋主坐式上吊怨念不散

台灣民間傳統驅邪送煞的儀式「送肉粽」，是指將上吊死者用來自殺的繩索與固定物，經由辦法會，將其送至海邊或出海口焚燒，象徵把死者的怨戾之氣送走，化解靈魂的執念。不過，有的自殺者怨念無比深重，直到自縊身亡，都執著於生前過不去的那道檻。

而談到上吊，安九想起一個眞實故事，曾有一個新進記者，第一次去跑上吊案，當時死者是在入口門後上吊，死亡多時；當消防隊準備破門時，這位社會線菜鳥爲了搶拍照片，在破門的剎那，一個箭步衝進去，結果當場與死者迎面對撞。菜鳥這才發現，一破門大家都瞬間往旁邊閃開，沒人敢站在門前搶進的。

還記得講述此事的老鳥告誡大家：「只有菜鳥才會幹這種事，門後上吊大家都不會衝第一，反作用力可能會造成一生陰影。」果然菜鳥後來一身屍水，沒人願意靠近，連借地方清洗都被嫌棄，飽受驚嚇之餘好幾天睡不好、吃不下。而下面這則上吊案，當年在南部地產圈相當知名，連後續都吸引不少媒體追蹤報導。

2014年8月，台南市永康區發生了一起上吊自殺案，死者是一名透天別墅的屋主，在別墅1樓住處，坐在椅子上上吊，還留下用紅字寫的「非我家人入住，必索命」、「某某某，騙我錢不得好死」等激烈字句，據悉，屋主生前疑因生意失敗、妻子離家出走，在無法償還房貸與欠債、婚姻又生變的情況下，最後含恨以這種方式結束生命。

消息傳出後，各界議論紛紛，有自稱該棟租客的網友披露，這棟地處高級住宅區的透天別墅，屋主將5層樓切割成個別的獨立空間，分租給不同家庭，1樓前面單位由屋主夫婦倆自住，後方租給一對年輕情侶；2樓出租給3人小家庭、3樓租給孩子剛出生的小夫妻、4樓則由一對情侶租下，5樓前半租給一名單身年輕男房客、後半間是自家的神明廳，頂樓爲公共的曬衣間，住戶均由房子左側加裝的樓梯出入，各自擁有生活空間，平常也不會見到1樓的房東。

租屋的網友表示，據聞房東家是經營蜂蜜、花粉的進出口業，在市區也有店面，分租別墅可能是爲了多增加收入，不過，在2013年10月搬進這間別墅內的租屋時，就覺得內部格局怪異，且一下子跳電、一下又水壓不足，十分不便，所幸與其他住客們相處愉快，只是不太常見到房東夫妻。

2014年8月時，在這起悲劇發生前不久，房客們又因水電供應出問題去電房東，孰料通通轉接至語音信箱，大夥一度以爲房東夫妻出國了，直到有人驚見1樓大門被法院貼上封條，才發現別墅已積欠3個月房貸未繳，甚至連台電都寄出催繳單，單子上表示10月再不交費就要斷電，爲此房客們人心惶惶，房東失聯不知到底出了什麼事。

不過，說也奇怪，在3樓房客傳簡訊給房東，請他來收房租後，隔兩天房東就現身了，當時房客們都圍著他要求給個交代，房東則回應，關於房屋的繳費等事務，平時都是妻子負責處理，但妻子目前返回大陸了，所以自己也不清楚，但強調電費與房貸他隔天一早就會去繳清，並留下另一支聯絡的手機號碼。

但次日之後房東再度失聯，房客們無計可施只好自救，先湊錢付掉積欠的2、3萬元電費，並打算各自找尋新租屋。不過，9月初時，房客上下樓梯都會聞到一股酸腐味，原以爲是先找到房子搬走的2樓房客留下的垃圾發臭，但隨著進入盛夏溽暑，氣溫炎熱，那股難擋的惡臭變得濃郁，整棟別墅都籠罩在強烈的腐臭氣息中。

隨著住客一個一個遷走，租屋的網友表示，其實那時候他們有四處找尋臭源，但都遍尋不著，只好在通過樓梯時，都憋氣快步前行，一直到了9月底，某天別墅前突然來了警車，才知道房東在1樓前側住家內上吊自殺，早已死亡多時。

原來，是住5樓的單身男房客，近期也一直聞到這股惡臭，擔心是房東跑了將所養的狗關在屋內，狗餓死了造成的，找來里長與警方一同開門，沒想到一打開門，衆人就目睹房東背對著門口、面朝屋內，坐在椅子上已經上吊身亡。

租屋網友形容，上吊死亡的房東被發現時，因爲夏季天氣悶熱，蒼蠅與蛆蟲爬滿了死者全身，椅子下也流瀉了一大灘屍水，甚至被葬儀社人員抬下時，腫脹的屍身都已分離散落，慘不忍睹，法醫初步勘驗後，估計已死亡大約兩週，更可怖的是，在死者上吊的上方天花板上，還貼了3張寫有紅字的怨怒詛咒。

面對這樣慘烈的場面，剩下的房客們除了愕然，還有更多的驚恐。不過，最離奇的是，5樓單身男房客當時指出，法醫估計死者身亡約兩週時間，但是他在一週前，還曾經看見房東上來5樓的神明廳拜拜，當時他一說完，大家都噤聲面面相覷。

事後，雖然上吊現場有舉行招魂儀式，但據傳含恨自殺的房東始終在現場徘徊，深沉的執念讓祂並沒有離開，甚至在最後剩下的房客們忙著搬離時，房東就在那裡靜靜地看著大家……

問心無愧

世間不如意十有八九，應常想一二。
偏執只會苦了自己，遭遇困境自我了斷，
不如接受、面對、解決，最後放下。

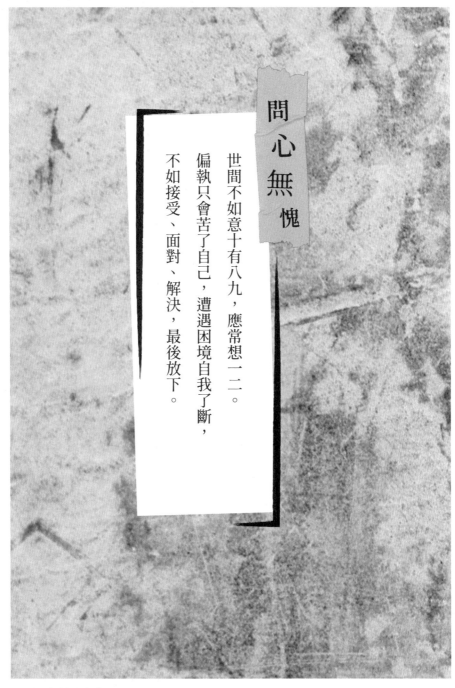

019

要命的紅線與香水味

台南全家燒炭5死命案

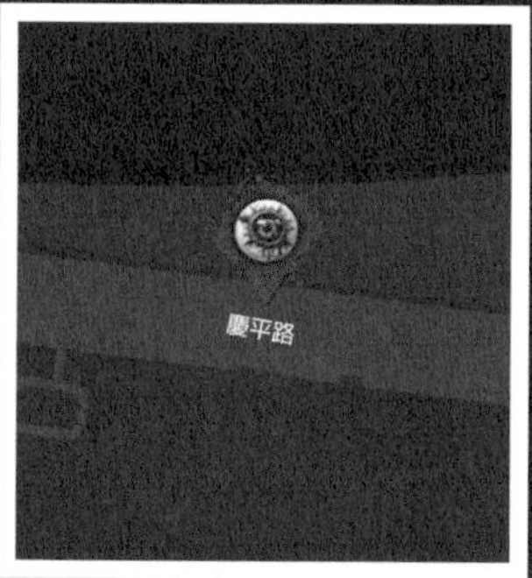

凶宅小檔案

打卡編號：019

案發地點：台南市安平區

案發時間：2016 年 5 月 24 日

建築類型：12 層樓集合式住宅

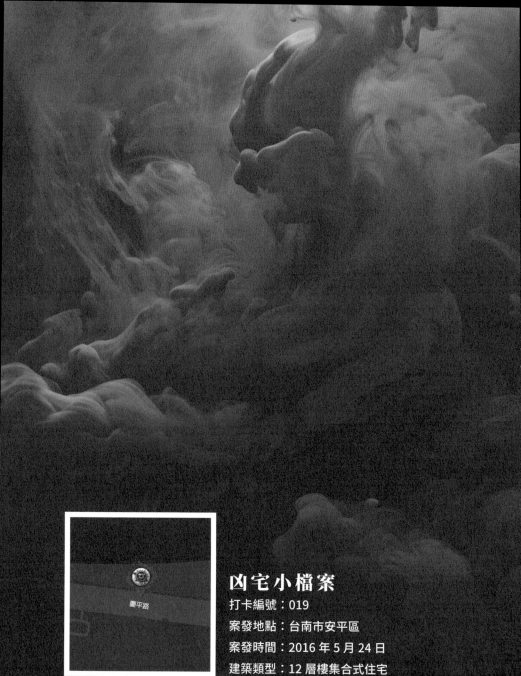

凶宅編號：019

要命的紅線與香水味
台南全家燒炭5死命案

安九在處理社會案件新聞時，看過不少父母帶著兒女共赴黃泉的悲劇，但認爲如果連死亡都不怕，那又何懼眼前的困境，至少給孩子一個長大成人、翻轉命運的機會，畢竟他們都是獨立的個體，沒有任何人能決定、或剝奪他們的生存權利。

2016年5月，台南市安平區一棟大樓，發生一起「全家燒炭5死命案」，男主人與扶正僅50天的小三，攜3名年2歲至7歲的幼子，在租屋處燒炭自殺身亡，鄰居透露，事發後回想覺得很可怕，因爲前幾天才在死者屋外，聞到濃郁嗆鼻的香水味，鄰居推測：「應該是不想被發現獲救，噴香水掩蓋燒炭的味道。」

當天獲報趕抵的警員進入現場時，一眼就望見，室內牆上凌亂寫著「恨」、「不滿」、「下輩子不要做人了」等紅色字跡，而全家5人都陳屍在房內，先映入眼簾的，是趴臥在床邊地上的王姓男主人（案發時40歲），床上則分別是新婚未滿2個月的王妻（36歲），及兩人所生的7歲、6歲及2歲兒子。

不尋常的是，現場夫妻倆手上用紅線互綁，3個年幼稚子也分別綁著紅線。而當時床上4名死者各蓋著一條棉被，但身體腫脹烏黑，早已死亡多時，房內還留有燒完僅餘灰燼的炭盆。警方隨後在房內書桌上的筆記本內，找到了男主人寫的一頁遺書，內容多在抱怨薪水太少、經濟壓力沉重、與父母不和等。

第一時間來到現場的是房東，據了解，王男是以每月9千元承租該單位，但最近4個月都付不出房租，甚至連續兩期的電費4千多元也沒繳，案發當日，房東到王家探視，敲門無人回應，於是找來鎖匠開鎖，但一打開門就發現屋內黑漆漆的，只好下樓找管理員上樓，拿手電筒一照，卻赫見這場無法挽回的悲劇。

其實早在案發前一週，管理員就曾發現，經常叫便當外送的王家，無人下樓多時，覺得有異報警，並請房東陪同敲門，起初無人應門，只好找鎖匠準備進屋，此時王男才勉強開了門，還嘟囔著：「人就好好的呀，你們在緊張什麼！」隨卽關門，儘管隔天管理員再去查看仍無回應，但因有前例，故不以爲意。

有鄰居透露，案發前幾天曾行經王家，撲鼻就聞到一股非常濃郁的香水味，當下感覺很奇怪，「三更半夜的，幹麼噴這麼多香水？」但事後回想，可能就在那個晚上，王家5口已經燒炭，怕味道飄出來才噴香水遮蓋，鄰居說：「想通之後眞的嚇死了！很想快點搬走。」

王男的父親雖然很不捨3個孫子，但言談中頗感無奈，他喟嘆：「終於解脫了！可以不用再躲藏了！」原來，王男原本與元配同住，育有兩個孩子，但後來外遇另結新歡，又生下3個兒子，無業的王男爲供養兩個家庭，長達9年都向年邁雙親伸手要錢，成了親友眼中的「啃老族」，未料最後迎來這種結局。

諷刺的是，案發前50天，王男才正式離婚，與新歡結婚，本以爲日後不用再蠟燭兩頭燒，可惜經濟壓力仍不輕，而雙親早爲了王男全家花光了退休金，甚至還欠銀行與保險公司3百多萬元，兩老擔心兒子繼續來要錢，只好四處借住躲避，親友也不禁感慨：「啃老去享齊人之福，早晚出事，但可憐那3個孩子啊！」

講這些太沉重，本案也讓安九想起以前同事一個很玄的經歷，在蘋果上班時，有個可愛開朗的晚輩，當時在報社工作兩年多後，因家中突遭變故，辭職返回台中照顧重病母親，由於媽媽長期住院，孝順的她也在醫院陪病了一段時間。

晚輩後來告訴安九，陪病期間的有天夜晚，她因爲太累，就拿了一份當天報紙，走到病房外的公共區坐下，想想家裡的事，順便休息一下，當時她微微低著頭，眼角餘光突然瞄到在走廊的盡頭，有人慢慢地走過來，她轉頭去看，就見到一對年約30多歲的父母及3個小孩，手牽手走了過來。

「當時已過了探病時間，怎麼還會有人到病房區？」晚輩說，那一家人面無表情，移動時也異常地安靜緩慢，於是她仔細打量了一番，「我發現，他們一家都有用紅線綁在一起，感覺好奇怪。」就在那時，對方也察覺晚輩看見了他們，目光相接。

「我永遠忘不了那個瞬間！」晚輩說，就在對上眼時，她有點尷尬地移開目光，低下頭假裝看報，卻赫然驚覺，頭條是某縣市全家燒炭自殺身亡的新聞，還提及死者們綁紅線盼來世再聚，「我看了一下死者生前照，發現就是走過來的那5個。」但當她再抬起頭，那一家人卻已憑空消失，眼前只剩空蕩蕩的陰暗長廊。

晚輩說，隔天起她高燒數日，惡夢不斷、意識恍惚，直到家人找老師來協助，才逐漸恢復健康，擺脫了「看見亡者」的恐怖陰影。

問心無愧

沒有一條生命應該被他人結束，
大人在面臨人生關卡時，
請給還未長大的子女一個活下去的機會。

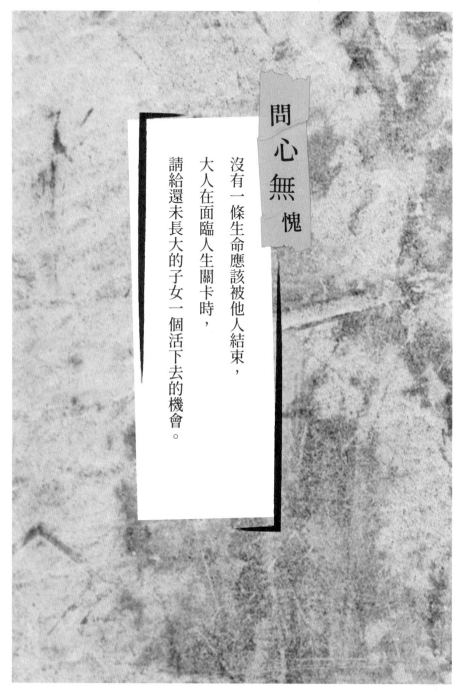

020

連環殺人魔的生死帳簿

陳瑞欽詐保弒親奪6命

凶宅小檔案

打卡編號：020

案發地點：嘉義市

案發時間：1985 年 1 月 7 日

建築樣式：3 層樓建築

凶宅編號：020

連環殺人魔的生死帳簿
陳瑞欽詐保弒親奪6命

購買保險是爲了發生意外時能有金援，安九想到在《蘋果日報》上班時，因工作太忙無暇研究，就在人情壓力下買了「投資型保險」，陸續投入了10多萬元保費，但不到3個月，就賠掉近一半，後來想想不對，買保險應該是爲了預防意外，而不是拿來當成獲利的工具，因此決定認賠退保。

結果扣除相關費用後，安九拿回的保費不到1萬元，這樣的下場很慘，但也算是個教訓；而在處理下方這起案件時，令人更感訝異的是，同樣是想要透過保險獲利，有人竟然以替親人購買保險來牟取鉅額理賠，陸續於18年內殺害5名至親、還姦殺了女友，這是何等殘忍而無人性！

這起命案的凶嫌是從空軍上尉退伍的男子陳瑞欽（案發時35歲），退伍後陸續在中油、嘉義的鄉公所任職，工作還算安穩，可惜能力不佳又嗜簽六合彩、好賭成性，爲了償還不斷增加的賭債，他積欠了地下錢莊大筆高利貸，由於遭到暴力討債，陳瑞欽便將歪腦筋動到家人頭上，展開殺人詐領保險金的計畫。

陳瑞欽在24歲時，與第一任妻子結婚，育有1子2女，1985年元旦，陳瑞欽藉故吵架，在浴室毆打妻子使其滑倒，送醫後女方因腦震盪住院；幾天後，陳瑞欽前往探病時，趁四下無人，突然將妻子用力拉下床，抓住對方的頭部撞地好幾次，女方因顱骨骨折出血不治，陳嫌當時獲得了235萬元理賠。

半年後，陳瑞欽又與一名離過婚的國小女老師再婚，並收養其子爲養子；1988年4月21日晚間，15歲養子補習晚歸，陳瑞欽竟以此爲由掌摑懲罰，造成養子跌倒，撞傷頭部送醫。

24日凌晨4時許，狠毒的陳瑞欽在醫院趁第二任妻子如廁時，抓著養子的頭猛撞病床後方牆壁，導致養子腦血腫死亡，事發後陳嫌辯稱，養子先是因騎腳踏車跌倒腦傷，後來在醫院住院時又摔下床，傷勢惡化而死，但僅獲得保險理賠6萬元。

1995年，陳瑞欽因嗜賭欠債再度發生財務危機，食髓知味下心一橫，決定向15歲親生兒子下手。7月28日晚間，陳嫌兒子在省道車禍受傷送醫治療，5天後出院；但8月3日凌晨1時許，陳嫌拿兒子要加入不良幫派當藉口暴怒動粗，竟用家裡的觀賞石材，用力猛擊兒子後腦，打到腦漿迸裂才罷手，後來他謊稱兒子是因車禍後傷重猝死，詐得472萬元保險金。

此外，陳瑞欽也覬覦第二任妻子的公教保險金與房產，8月19日，陳嫌開車載妻子外出兜風，到了嘉義新港時突然停車，隨即從駕駛座拿出一根實心木棒，朝對方太陽穴猛敲，見妻子受傷趴倒，陳嫌繼續痛擊後腦勺，將她活活打死，接著他把車開到嘉義市啟聰學校前，將妻子搬移到駕駛座，製造出一場假車禍，這次領到的理賠高達1137萬元。

1997年10月陳瑞欽梅開三度，追求一名丈夫過世的單親媽媽，兩人結婚後女方帶著一對子女嫁入，沒想到剛成爲家人的養子（16歲），又成了陳嫌眼前的獵物；1998年10月6日，養子表示頭痛、身體不適，陳嫌便誘騙他服下安眠藥，待其昏迷後，將養子以頭下腳上的方式搬運下樓，沿途故意以其頭部碰撞樓梯稜角與地面，養子因而頭部重創身亡。

當時陳瑞欽又以養子意外跌倒死亡的名義，申請保險理賠1550萬元，但保險公司發現，陳嫌已有多名親屬都死於同類型的頭部外傷，且獲得數筆保險金，故理賠25萬元後，停止出帳。

由於多間保險公司調查後均認爲，陳瑞欽的5名親人死因不單純，後來還找了立委開記者會，當時面對大眾的質疑，陳瑞欽則嗆聲反擊：「將對立委的不實指控，保留法律追訴權！」之後保險公司一致決定，不再讓陳瑞欽投保，並向警方報案檢舉。

直到2003年5月，陳瑞欽又結識了一名女保險業務員，短短兩天就追到手，陳嫌當時向頗有積蓄的女友借錢，但得到還要考慮的答覆，陳嫌對此不滿決定殺人劫財，他約出女友，開車假意帶她到南投竹山遊玩，以安眠藥謊稱是養生藥品騙對方服下，接著綁住女友雙手。

陳瑞欽在女友昏迷時，突然獸性大發，趁機以手性侵得逞，接著搜刮女友身上的勞力士、首飾、現金、信用卡與提款卡等財物，最後他竟拿了一塊石頭，猛力重擊女友的頭部，確認對方斷氣後，才扔下大鞍山區，陳嫌作案後還不忘盜領死者1百多萬元。

陳瑞欽後來因殺害女友而被捕，直到警方偵訊時，才將殺害2任妻子、3個兒子等5名親人的罪行供出。由於法官認爲陳嫌手段凶殘、泯滅人性，最後判處死刑定讞，2013年4月在台中看守所槍決伏法。

可笑的是，陳瑞欽直到行刑前，仍認爲自己罪不該死，不應被判處死刑，頻向執行檢察官抱怨，另由於陳嫌謀殺妻兒惡性重大，雖生前簽署同意死後器官捐贈，但最後竟沒有任何一家醫院願意收納，就在一聲槍響後，結束了他63歲罪孽深重的一生。

問心無愧

保險應單純爲了預防意外，
不該拿來當成投資或謀財工具。還有，
女怕嫁錯郎，千萬不要選擇賭徒作爲人生伴侶。

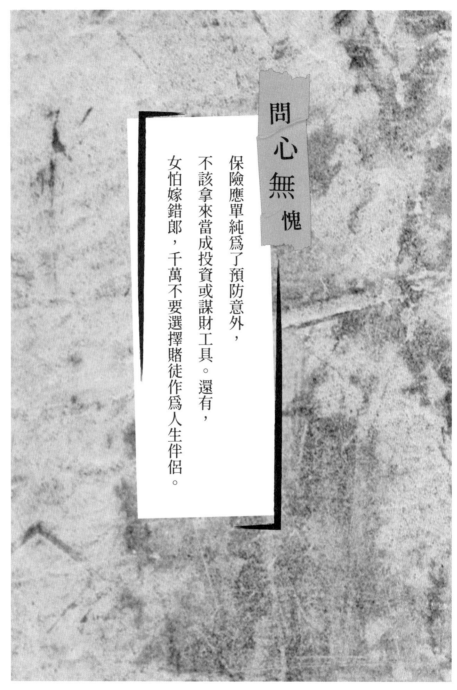

第五部

知名地標篇

021

不斷墜落的怨念輪迴

西寧國宅殞命之謎

凶宅小檔案

打卡編號：021

屋宅地點：台北市萬華區

案發時間：2003 年 7 月起

建築類型：16 層樓集合式大樓

凶宅編號：021

不斷墜落的怨念輪迴　西寧國宅殞命之謎

當初，安九在整理「凶宅打卡」單元的內容時，曾發生過一些奇妙的事，原本在搜尋大樓火警的資料，螢幕上卻不時跳出西寧國宅的老照片，及一些相關報導，那段時間，無論我在電腦中輸入任何不相干的關鍵字，都會自動跑出些許關於西寧國宅的內容，甚至有幾個晚上，做夢都會出現相同的影像，是不是很玄？

所以，當年安九決定從善如流，先選擇了西寧國宅，放在時代大樓大火之前，畢竟它在台灣國宅圈內也是相當知名的地標。但安九也要提醒，如果獨自來到西寧國宅，千萬要記得，在這裡如果聽到有人叫你、或是看見陌生人向你招手，請不要回頭也不要理會……

1982年落成的西寧國宅，是2棟16層樓高的集合式國宅，1樓是市場及萬華分局武昌街派出所，2至4樓是公務機關與商業賣場；5樓到16樓則爲台北市府的出租國宅，由於租金低廉，每月約5千元，吸引許多中低收入的老弱族群租住，總計有5百多戶。

這處國宅的建築鄰近台北市車水馬龍的西門町，地處鬧區、交通便捷，但長久以來，卻不時發生跳樓、自殺、墜落、電梯意外等非自然死亡事件，早期每年平均至少就有6起，因陸續有靈異事件傳出，後來此地竟躍居爲台北最陰森的國宅。而這一切事件的開端，起於一個老兵墜樓身亡事件。

街坊盛傳，西寧國宅竣工後，有一個住在國宅的退伍老兵晚間返家，由於忘了帶鑰匙，只好按電鈴商請其他住戶開門，但當天卻沒一戶人家願意幫忙，老兵情急之下，只好自己嘗試攀爬外牆進入家中，未料過程中不愼失足，當場墜樓摔死。

自此之後，西寧國宅便開始陸續發生死亡事件，曾在20年間，奪走超過30條人命，其中包括意外墜樓、自殺跳樓、燒炭自殺、暴斃身亡等各類死因，尤以跳樓墜樓佔大宗。

有一年的7月至9月間，這裡便先後發生了3起跳樓自殺案，詭異的是，這些跳樓者大多並非國宅住戶，其中有一位遊民，更直接摔落在國宅樓下停放於派出所前的車上。而近年較爲人知的，是2021年4月，28歲的知名網紅「MC姊」疑因情緒問題，隻身前往西寧國宅，從5樓一躍而下，送醫不治。

當地警員表示，除了跳樓的密集度高，印象深刻的還有一次救人任務，當時他和國宅管理員合力救下一名企圖跳樓的妙齡女子，但問她爲何輕生時，對方竟回答，她原本陪男友在西門町逛街買球鞋，就在男友試穿時，她被一股莫名力量牽引，不知不覺就走到西寧國宅，搭電梯上了頂樓，當爬上女兒牆往下望時，「我看見有許多人在下面不停向我招手。」

此外，西寧國宅也發生過離奇的意外死亡案，1987年，西寧國宅的B棟電梯，突然故障卡在16樓，當時受困電梯內的有兩名婦人與一個小孩，在受困者高聲呼救後，所幸有兩個人行經發現，奮力拉開電梯門，但兩婦人爬出獲救後，小孩卻不見了，遺憾的是，小孩最後被發現疑似從電梯井墜地重傷，送醫搶救仍回天乏術。

另一件則發生在2004年2月26日，一名70歲老婦人被發現裸身陳屍在電梯井裡，原本警方研判，死者應是踩空失足墜落身亡，身上衣物被電梯設備勾破脫除，不過，事後鑑識人員無論怎麼找，都沒發現任何衣服碎片，裸身死亡原因至今仍是謎。

在離奇死亡事件的背後，也伴隨著許多靈異傳聞，像是每到深夜，西寧國宅的電梯就時不時發生故障，只要有人入內搭乘，電梯便自行向下前往地下3樓，嚇得晚班管理員不敢巡邏，紛紛離職，管委會只好將晚班改為兩人一同值勤。

此外，住在國宅裡的居民也經常發生鬼壓床、身染怪病等無法解釋的狀況，曾有住戶指出，最常發生的怪事，就是家中廚房到了半夜就會傳出莫名的滴水聲，但走過去查看，水龍頭卻是完全關上的，而家中飼養的貓狗寵物，有時會無端端地對著空氣嚎叫，彷彿眼前看見了什麼。

還有體質敏感的住戶，連續幾個晚上，睡到一半時發現有陌生女人出現在身旁，對著自己耳邊呼氣，驚醒後還會聽到漸行漸遠的訕笑聲，更有住戶半夜睡得正熟，卻突然發生鬼壓床，動彈不得幾乎要窒息，醒來好不容易掙脫，卻驚見一名面孔模糊的男子，慢慢飄進衣櫃中後倏然消失，類似事件不勝枚數。

意外頻傳加上靈異事件，因此在住戶們強力要求下，台北市府將武昌街派出所，搬遷至國宅1樓，期望情況能有所改善，不過，有資深警員私下透露，現有偵訊室的所在地，原本是警員寢室，但有太多同仁反映，房間沒開空調就像冷凍庫，「穿長袖、蓋棉被還是常被凍醒，更有人睡醒，發現在單人床上頭腳對調，轉了180度，腳上還留有清晰的黑手印。」警員當時嚇得寧願在沙發上躺，也不願進寢室睡覺，所長最後只好將寢室改爲偵訊室。

因爲如朝聖般前來跳樓的人不少，爲避免此處成爲跳樓勝地，西寧國宅早前便已設置了安全網，並將女兒牆加高，連頂樓也直接上鎖，不再讓人隨意進出。近年透過環境改造，昔日的破舊陰森已不復見，當地居民也多次舉辦超渡法會，期望西寧國宅從此平安寧靜。

但由於西寧國宅建築的氯離子超標被列爲海砂屋，爲了民衆居住安全，政府預計將於2025年拆除，而西寧國宅昔日的種種事蹟與靈異傳聞，屆時也將隨著建築的拆除，步入淹沒在歷史中。

問心無愧

小時候聽說，人的頭頂與兩肩共有三把火，夜晚有聲音在背後叫你，冒然回頭肩上的火就會熄滅，恐發生不測。不過，現在我們可拿出手機相機往後拍，確定有人再轉身。

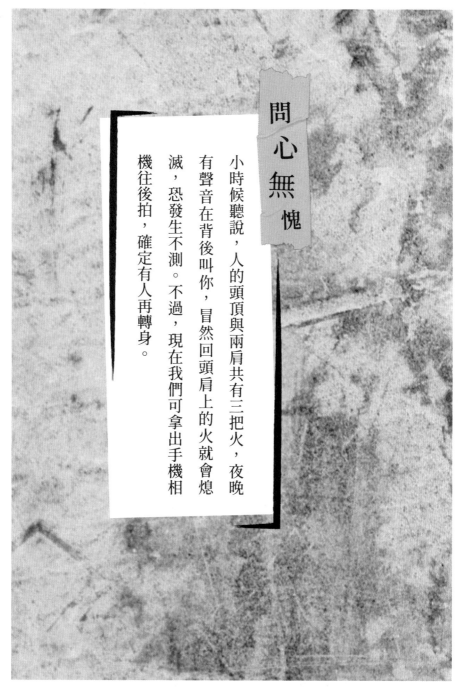

022

誰按了去頂樓的電梯

時代大飯店惡火奪19命

凶宅小檔案

打卡編號：022

案發地點：台北市中山區

案發時間：1984 年 5 月 28 日

建築類型：14 層樓複合式大廈

凶宅編號：022

誰按了去頂樓的電梯？時代大飯店惡火奪19命

爲何電梯總是先開往頂樓？抵達後在電梯門開啟時，卻又看不見任何人？位於台北市中山區繁華地段的錦新大樓，長久以來發生過多起意外，近40年就有26條人命喪生於此，死亡人數最多的一次，當屬發生於1984年的「時代大飯店」大火，造成19人死亡，而歷經火災後，這棟住商混合的大樓也開始發生許多無法解釋的異象。

錦新大樓舊名「時代大飯店」，1984年5月28日上午，位於2樓的餐廳疑因電線走火引燃大火，由於建築採玻璃帷幕，悶燒之下濃煙直竄天花板，沿著飯店空調管道迅速瀰漫至各樓層房間，形成煙囪效應，當時大樓內有3百多人受困火場，有人攀附窗口或逃至頂樓求救，有的在睡夢中嗆昏，更有三人因不耐高溫當場跳樓，災後總計19死、49傷。

事隔12年後，這棟大樓疑因遭人縱火，二度發生大火，又造成2死61傷的慘劇。雖然爲了轉運後來改名爲「錦新大樓」，但似乎仍無法逃脫厄運，2010年10月某天夜晚，有大樓住戶聞到從11樓的某間套房傳出陣陣惡臭，按鈴始終無人回應，住戶直覺不妙連忙通知管理員報警。

待警方趕到後，開門一走進房間內，便發現是一對年輕男女情侶死亡，兩人陳屍在床上多時，經過調查，確認男性死者是一名有30多項前科的道上兄弟（當時26歲），因當時入獄在即，疑似先殺害了在酒店上班的20歲女友後，再持槍自轟太陽穴自戕，但亦有傳聞兩人是殉情。

在此之後，2020年、2023年的3月和4月，也陸續發生了3起女子墜樓身亡的事件，其中有的當事人甚至不是住戶，而是特意前往錦新大樓跳樓，爲這棟建築又增添了3條冤魂。

安九要特別說明的是，《蘋果日報》當年刊出的「凶宅打卡」中，曾把1986年3月5日凌晨3時發生的「女子跳樓壓死肉粽小販事件」，列入錦新大樓歷年事故，但後來經蘋果社會線記者深入查證，確認跳樓的地點並非在錦新大樓，而是同樣位於新生北路二段的鄰近大樓。

當時是一名因有菸癮慘遭退婚的女子，感情受創一時想不開，衝動之下，從10樓住處爬到13樓跳下輕生，不巧墜落時卻砸中行經樓下的賣肉粽小販，導致對方當場慘死，女子急救後僅雙腳受傷、撿回一命。

撇開多起意外不說，從第一次時代飯店大火後，這裡便發生許多莫名的怪事，附近居民表示，曾在夜間行經時，看見2樓窗口有不明的一群人形黑影走來走去，「怎麼會有人大半夜不睡覺？但看起來是黑壓壓的一群，很詭異。」也有部分住戶在無人空間內，聽見女子的哀怨哭泣聲，更有租客經常被鬼壓床，曾經有人不信邪，揪團進去探險試膽，沒想到事後卻大病一場。

一名前任住客透露自己的親身經歷，他說有好幾次搭乘電梯，「明明要往下去1樓，也按了樓層鈕，但電梯就是不聽使喚，關門後自動直接向上到頂樓。」等到電梯門打開後，卻看不見任何人進來，「原本以爲是樓上有人要搭，電梯才先上去的，但我伸出頭左看右看，走廊上完全沒人呀，當時心裡眞的好毛。」他強調：「有時候電梯裡不是只有我一個，還有其他人也可證明。」

而當時在「凶宅打卡」刊出後，有不少讀者也回應，錦新大樓的電梯常會停在某些特定樓層，檢修又沒發現任何故障，「就是不聽使喚，好像有它自己的方向。」有前住戶也表示的確遇過相同狀況，指出半夜時電梯會自己亂跑，雖然當下覺得很奇怪，但習慣了也就好了。還有不知情的民眾，曾與仲介一起到大樓內看房，明明室外氣溫酷熱如蒸籠，但走進大門上樓後，卻老是感到一股不寒而慄的涼意。

另外，有別於其他住商大樓，錦新大樓在6樓的位置，設有一個神祕的宗祠，當年蘋果記者實地查訪時，目睹了裡面供奉著一排一排、整齊羅列的上百個牌位，中央3個主牌位下方，還擺放了兩名男女老者的黑白遺照，梁柱上寫著「各姓氏聯合宗祠」的字樣，看起來不太尋常，有一說是爲了紀念時代大飯店大火事件的罹難者。

令安九感到更神奇的是，後來記者還在錦新大樓的頂樓14樓處，發現了一座小型的土地公廟，現場香煙裊裊、桌上還擺放著供品，據稱這座廟是從1樓遷上去的，爲了鎮宅與讓住戶們安心。只不過，大樓在2023年11月，又陸續發生了4起墜樓事件，詭異的是這些死者居然都不是大樓的住戶。

這棟每層擁有20多戶單位的錦新大樓，雖歷經了建物翻新整理，但爲何長期以來迄今時有意外，地方人士指出可能是地理位置，加上出入分子較爲複雜，前來租住的多是林森北路族群、或特種營業人士，雖有盛傳，這棟大樓所矗立的路口具有山形結構，因爲風水問題，加上被人施法才會招致諸多不幸，但眞正的原因爲何，沒有人知道。

問心無愧

爲了避免搭乘電梯時，
遇到這種詭異的電梯亂停樓層事件，
最好的方式，就是走樓梯！順便鍛鍊一下腿力。

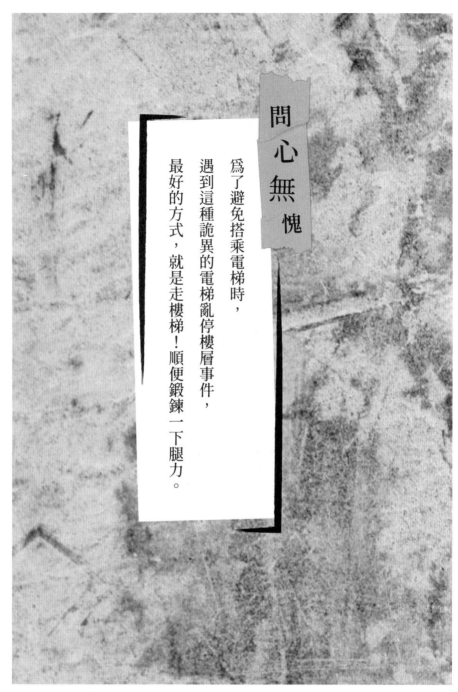

023
豪宅花園中
散步的身影
洪若潭滅門懸案

凶宅小檔案

打卡編號：023

案發地點：彰化縣二林鎮

案發時間：2001 年 9 月 5 日

建築類型：大型莊園別墅

凶宅編號：023

豪宅花園中散步的身影
洪若潭滅門懸案

你很在乎別人對你的評價嗎？在媒體工作多年，安九被練就金剛不壞之身，除了愛馬仕連番漲價會令我在意與心驚，其他像是被比較、被評論、被詆毀、甚至被告，基本上，只要對得起良心，沒有做錯事，對於我的身心都不致構成太大影響。

安九曾因踢爆報導被誣告，訴訟長達數年，期間接過無數通恐嚇電話，也收到詛咒的冥紙與血書，對方有錢有勢到處攏絡同業，散佈負面訊息。起初，對於自身安全的確有點憂慮，生平沒碰過如此囂張的惡霸，看到自己在其他媒體上被抹黑也很氣憤，但想想，認識我的人就知道我的爲人，不認識我的人我又何需在意？

當時也有其他同業好奇詢問同事關於我的種種，同事只是笑了笑說：「別開玩笑了！蘋果處理投訴和踢爆沒在怕的！就算送錢來也搓不掉報導！」我聽了也覺好笑，從頭到尾我都是遵循報社指令處理，還眞沒什麼好解釋，後來安九上了蘋果頭版，被同事揶揄：「蘋果的頭版廣告很貴耶，妳算賺到了！」

所以很多事，就看你怎麼想，心由念轉。當年在「凶宅打卡」單元系列的個案中，並沒有洪若潭滅門懸案，原因是洪案發生時有太多媒體報導，安九後來經過了解，發現洪案最初的原罪應是洪若潭的偏執心結，他過度追求完美與認同、無法接受負面評價，導致了他寧爲玉碎、堅決讓全家赴死的悲劇結局。

2001年秋天，彰化二林發生了離奇的滅門案，一名企業負責人洪若潭（當時50歲）與續絃的妻子，被發現葬身在自家的小型焚化爐中，已成爲一堆焦黑骨骸，而與前任妻子所生的3名兒女，包括就讀研究所的長子（24歲）、在自家公司上班的次子（23歲）、及還在念大學的女兒（19歲），同時間也人間蒸發、音訊全無。

家境相當優渥的洪若潭，經營生產膠帶、貼紙的工廠，第一任妻子十多年前車禍過世，不久他又續絃，洪若潭的住家佔地近3千坪，就蓋在祖產上，造景與建築都很氣派宏偉，圍牆用了要價上千萬的進口石材，庭院內草坪壯闊、林木蓊鬱，還種植了特地從南洋運回的椰子樹。

2001年9月5日下午3時許，洪若潭公司的總經理前往洪家詢問公事，卻發現家裡遍尋無人，連飼養的兩隻狼犬都不見了，只看見洪若潭在茶几、神桌上、與房內留給胞妹的3封遺書，大驚之下立刻報案。警方獲報到場後，幾經搜索，終於在住家左後方的小花園裡，找到一個嶄新的家用小型焚化爐，旁邊還有一具研磨機。

由於焚化爐容量看似可容納4人，下方又留有兩雙拖鞋，見到焚化爐的門由內用鐵絲反綁，警方直覺不妙，果然隨後在打開時，爐內尋獲兩具燒焦骨骸、及裝有不明液體的兩個玻璃瓶。而研磨機內也找到約1公分大小的一塊疑似人骨與些許粉末，警方懷疑，洪若潭夫婦在前一天就已自焚死亡。

案發後，經檢驗DNA確認爐內骨骸就是洪若潭夫婦，家中飼養的兩隻狼犬也先被殺害焚屍，不過，洪家的3名兒女仍舊行蹤成謎。洪若潭的遺書中宣稱，已將子女悉數殺害焚屍，骨灰磨成粉末撒入海中，雖然警方鑑識人員在洪宅內並沒有發現血跡，亦未找到3人屍骨，僅在洪若潭的轎車駕駛座下方，採集到海砂與碎石，但偵辦人員推測，洪家子女恐已不在人世。

據悉，洪若潭是完美主義者，凡事要求圓滿、重秩序感且有潔癖，不愛與人打交道，內心容不下瑕疵，也無法接受負評。早年他在事業上與其他兄弟發生糾紛，還因在祖傳土地上修建大宅與母親鬧翻，母親氣憤下離家，以資源回收拾荒維生，這些家事都招來鄰里間的批評和流言。

他在遺書中陳述，自家與家族間長期不睦，故決定要全家人赴死。洪若潭表示，自從十多年前再娶之後，家族都不認同第二任妻子，他強調，家家有本難念的經，妻子雖是繼母，卻是眞心誠意照顧前妻留下的3名子女，可惜始終無法獲得公婆、及洪家兄弟姊妹的支持肯定，家人反而從中挑撥離間妻兒間的感情，讓他深感絕望，無法再活下去。

此外，洪若潭也提及台灣的政治亂象，讓百姓的生活感覺沒希望，這也是他看破的原因之一。他還指出，已根據子女生前意願，將其骨灰磨成粉末，撒入大海，遺書裡也要求胞妹，事後幫他們夫妻倆比照辦理。

而在經歷滅門案後，洪家大宅也變成當地有名的凶宅，據稱曾有女警透露，她和同事在現場採證時，洪若潭的座車突然抖動後噴出機油，讓在場人員都驚愕不已，亦有警員曾在半夜，聽到洪家的車庫傳來不明聲響；還有當地居民透露，曾目睹洪若潭整理花園的身影，甚至晚上還牽著已被他燒死的狼犬在庭院中散步。

後來警方以失蹤人口簽結洪家子女，檢方最終也以洪若潭夫妻2人自殺，3名子女失蹤滿7年宣告死亡結案。而這座洪家大宅法拍時數度流標，因此空置了數年，直到2006年，才由一名退休醫師買下自住，新屋主也曾向媒體強調，入住時一切都很正常，靈異事件均屬穿鑿附會。

問心無愧

雖說人言可畏，但請勿把自己的人生活在別人嘴裡，生活中的不完美是常態，對得起天地良心，就好。

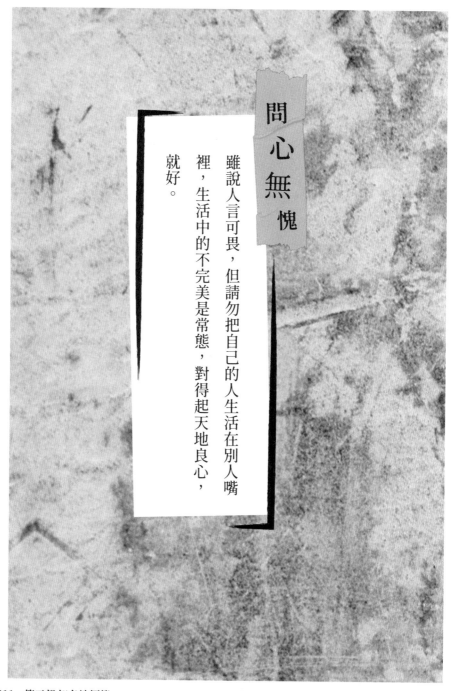

024

靈異球賽 暗夜開打

保齡球館大火噬20命

凶宅小檔案

打卡編號：024

案發地點：新北市中和區

案發時間：1992 年 05 月 11 日

建築類型：水泥鐵皮建築、現為 17 層樓住宅大樓

凶宅編號：024

靈異球賽暗夜開打
保齡球館大火噬20命

不知道大家有沒有進入火場的經驗？安九曾臨時接到支援火警的指令，到場採訪，記得那天穿著絲質裙裝、踩著Prada低跟拖鞋，手上挽著LV包包，人模人樣，等到踏入火場，才驚覺地上全是混濁流動的汙水，頭頂上方燒毀的焦黑天花板，冒著殘煙、滴滴答答墜落著滾燙水滴，空間內瀰漫著濕熱的焦臭與化學氣味，安九剛要拍照，就被消防人員揮手驅趕：「快出去！出去！這裡很危險，不能進來！」

所幸安九已快速搶拍了幾張照片，走到戶外正慶幸任務達成時，低頭赫然發現鞋內濕透、鞋面佈滿泥濘，衣服和包包上全是落塵、水漬，一身行頭全毀了，當下欲哭無淚。不過，安九也曾聽男同事說，有一回，他穿著所費不貲新買的名牌靴衝火場拍照，結果拍完了發現舉步維艱，因爲……因爲火場地面溫度過高，名牌靴的膠底已融化黏在了地上，最後只得換上消防隊提供的拖鞋悲傷地離開。

這些聽來會令人哈哈大笑的花絮，其實對於當事人（包括我）而言，可眞是血淚教訓，刻骨地心痛又肉痛。我們因此也能想見猛火濃煙的無情，足以奪命於瞬間，接下來的打卡個案，就是祝融吞噬20條人命的悲慘意外。

「轟隆轟隆……乓！」暗夜中隱約傳來保齡球在球道滾動後撞擊球瓶的聲響，是工地徹夜施工噪音造成的錯覺？還是不甘枉死的亡靈停留原地發出的怨念？1992年5月11日，台北縣中和市（現改制爲新北市中和區）的自強保齡球館，凌晨時突然發生大火，有人形容，當時烈焰悶燒的球館就如同噬人的火葬場，由於造成20人死亡，也創下彼時北縣近20年來最嚴重的火警意外。

當天凌晨近3時，才營業3個多月的中和自強保齡球館，開始冒出不明煙霧，發出嗶嗶啵啵的燃燒爆裂聲，隨即火勢竄出蔓延，一發不可收拾。火警傳出後，各式消防車、救護車沿途急駛的鳴笛聲絡繹不絕，劃破寂靜的夜晚，而另一頭的火場，黑煙猛火已直衝天際，將夜空照映得橘紅如晚霞，由於逃生不及死傷慘重，事後許多靈異之說也紛紛流傳開來。

當時火場中傳出至少有50人受困，球館不巧又位於狹窄的巷弄底，到處停滿機車，阻礙了救災車輛的通行，由於建築物是用水泥與鐵皮搭建而成，加上館內2樓正在裝潢，堆放了大批易燃材料，火災時引發的煙囪效應，讓這場火一燒就燒了5個半小時，最後釀成15男、5女共20人死亡的慘劇。

「這間球館號稱是當年全北縣最大的球館。」一名資深警員面對蘋果記者詢問時表示，當年台灣保齡球運動十分興盛，自強保齡球館一開幕，不分平日假日，幾乎天天客滿，「就算平日想打球也得要排隊。」當時的球館1樓爲賣場，3樓是保齡球館，業者見生意興隆，計畫拓展場地，在2樓籌備新的球道，不料一切付之一炬。

這起火警的發生原因迄今未明，只知道起火點在2樓的西南角，有人研判是進行裝修的工人亂丟菸蒂引燃，也有一說是有人在工地內烹煮食物時，爐火不愼肇禍，甚至還有人說，當時是兩名阿兵哥在球館內嬉鬧引發口角，燃燒紙條所致。

事後20具被燒得蜷曲難辨的焦黑屍體排列在地上，供家屬指認，但也僅能靠遺體上少數沒被完全燒毀的物品認屍，恐怖的是，當時有消防隊員進入火場後，因內部焦黑凌亂，視線不清之下不慎誤踩屍體，該名隊員事後竟開始恍惚、精神錯亂，拜遍各大宮廟都無法解決，精神狀況每況愈下，最後無法執勤。

此外，當時警方為了採證將現場封鎖兩天，不料有宵小潛入行竊，想偷取1樓商場遺留的零錢等財物，怎知過程中竊賊竟在裡面大喊救命，被捕時神情飽受驚嚇，兩腿發軟、臉色青白，還不斷喃喃地說：「對不起，對不起，我不是故意的。」警方詢問也不肯透露，只是一再重複：「有好多……好多個……」

有警員也說，曾有個看守現場的警員，發現球館內不時有人走動，以為是不知情民眾闖入，於是入內驅趕，但卻衝出落荒而逃，顧不得還在值勤，便跑離崗位，事後什麼也不願意說。

此外，當年住在球館正對面的居民則指出，大火後除了凌晨每次行經都會有狗群吹狗螺，「我也不敢在夜晚往窗外看，有人就看過不明黑影徘徊，還聽見打保齡球撞倒球瓶的聲響。」

後來球館原址有公司租賃當成辦公室、倉庫使用，慈濟也曾進駐作為資源回收園區，但時間均十分短暫，最後由建商買下興建17層樓住宅大樓，在地商家雖對於靈異傳聞時有所聞，但也都強調：「現在這裡人氣那麼旺，就算有什麼，應該也早就已經過去了。」

問心無愧

在任何室內娛樂場所都要有所警覺，
聞到燒焦異味或聽聞異響先確認原因，
別爲了一時享樂疏忽警訊。

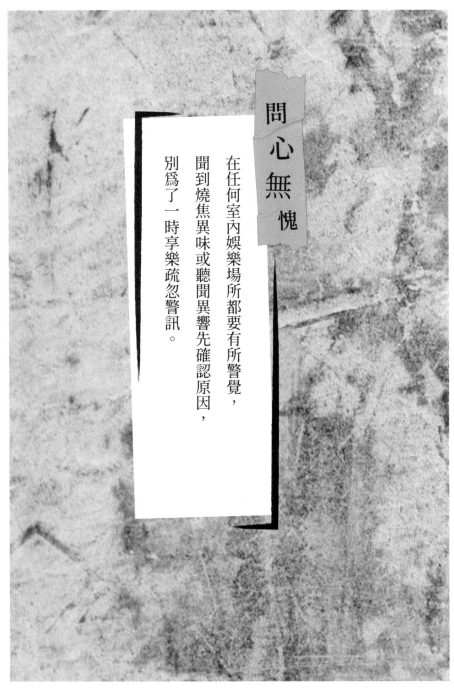

025
來自幽冥的凝視
華陽市場坍塌13死慘案

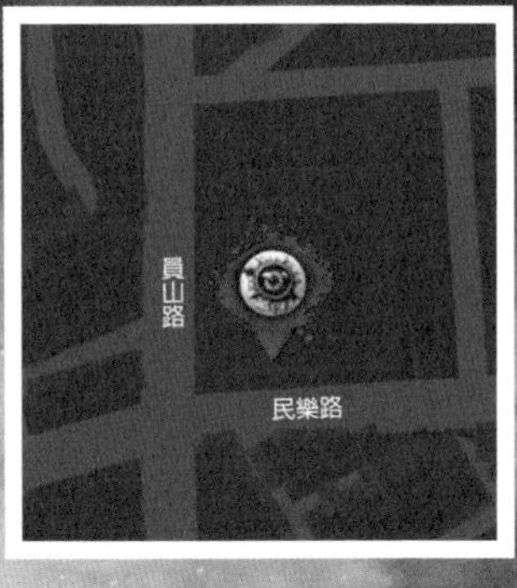

凶宅小檔案

打卡編號：025

案發地點：新北市中和區

案發時間：1986 年 11 月 15 [illegible]

建築類型：3 層樓市場建築、現為 14 層樓住宅

凶宅編號：025

來自幽冥的凝視
華陽市場坍塌13死慘案

「『凶宅打卡』專欄是妳負責的嗎？我有個小時候難忘的回憶，妳要不要聽聽？」與同事P記者在報社樓梯間（吸菸區）休息閒聊，他突然丟出了一個話題，讓安九歷經整日工作折磨、疲憊昏沉的腦袋，精神爲之一振，在我連聲催促下，P記者緩緩吐了一口煙，開始回想講述這段迄今仍令他無法理解的經歷。

故事的背景在1986年11月15日的清晨5時許，當時大多數人都還在沉睡之中，花蓮地區突然發生了芮氏規模6.8級的強震，當時遠在台北縣中和市（現改制爲新北市中和區）員山路的華陽市場，就在一陣突如其來的劇烈天搖地動後，竟然應聲倒下，發生了相當嚴重的坍塌事故。

當年華陽市場的1樓是攤商，2、3樓有不少單位都改建成住宅，這場無預警的飛來橫禍，讓內部的攤商與住戶們根本來不及反應，再加上路過市場旁的民衆走避不及，最後造成13死、45傷的慘劇，許多死者都是在毫無心理準備之下慘遭活埋壓死，事後意外現場一片斷垣殘壁，結構全毀猶如廢墟，被相關單位封鎖起來，禁止人員入內。

從小就住在中和當地的P記者說，當年自己正在就讀小學，「意外發生以後，因爲那裡死了很多人，媽媽就嚴禁我們小孩子靠近市場，以免被不好的東西煞到。」事實上，在這場慘劇之後，就有一些聞訊而來的不肖人士，趁著半夜四下無人，偷偷潛入市場坍塌現場內，找尋死傷者與攤商遺留下來的值錢財物，「但很奇怪的是，聽大人們說，那些小偷後來都出事了，有的生病或發生意外，有的精神異常發瘋了。」

P記者回想當年災後的情形，他說記得小學班上有個很皮的男同學，曾經跑進市場的廢墟內撿拾零錢，「但出來之後，他就大病一場請假了，之後也一直都沒來上學，最後聽說舉家搬走，不知去向。」而事發後沒過多久，某一天P記者在放學後，與同學互相打打鬧鬧，一時玩心大發，便拋開了媽媽的叮囑，天黑了仍不想回家，而和同學一起跑去廢墟旁繼續玩耍。

「結果，我親眼看到，在漆黑空無一人的斷垣殘壁中，有很多一閃一閃的詭異亮光，但又不是螢火蟲，當時眞的有被嚇到。」P記者描述，在場的玩伴們也都目睹了眼前怪異的景象，大夥嬉鬧喳呼的興頭頓時被澆熄，當下陷入一陣不安的沉默，接著便一轟而散各自返家了。

受驚的P記者回到家之後，可能眞的有被嚇到，也忘了媽媽會罵，連忙告訴了母親這個不可思議的遭遇，結果換來一頓嚴厲的斥責與警告。P記者表示，其實在事後，當天一起玩的同學，後來都不太願意提起這段往事，「我一直到今天都想不透，那些閃爍的不明亮光，究竟是什麼？」

就在P記者講完後，安九在處理稿件時，也請蘋果的記者再去現場附近詢問了一下當地人，街坊低調地透露，那場大地震已經是好久好久以前的事了，華陽市場的倒塌慘劇也讓許多家庭一夕之間就支離破碎，甚至還波及到行經的無辜民衆，災後只要有人經過現場附近，「很奇怪，附近的狗群就會開始吹狗螺，一陣緊接著一陣，聲音非常淒厲！」

也曾經有居民路過該處時，耳邊突然響起模糊微弱的呼救聲，街坊說：「就是會聽到有人不斷在低聲哀嚎，『救命啊！我的腳被壓住了，拜託快來救我！』」但眼前的廢墟卻是漆黑一片，完全看不見任何人，「嚇得那個鄰居拔腿就跑，當年這裡有不少人都遇到過奇怪的事，這是沒辦法鐵齒的！」

面對記者詢問，中和老一輩居民提及當年的華陽市場倒塌事件，都直呼那的確是場大災難，不少人迄今餘悸猶存，一位陳老先生便表示，意外發生的時候，自己已經起床了正在做晨運，「突然間就聽到轟隆的巨響，像是爆炸一樣，眞的好大聲，連地面都在震動哩，我們嚇死了，趕緊跑過去看發生了什麼事，結果就看到市場整個坍倒了，許多人都被壓死，幸好當時我沒路過。」

後來事發的原址荒廢了好幾年，先被夷爲平地改建成一處停車場，之後才由建設公司買下，蓋起了14層樓的高級住宅大樓，但居民都低調地表示：「我們中和這裡知道的，根本不會在這塊地上買房子，只有外地來的人或是投資客才會來買……」如今當地人車川流不息、商機蓬勃，而這一段不堪回首的坍塌意外，及那些不可思議的過往諸事，也都早已埋藏在都市繁華喧囂的日升月落中。

問心無愧

天災難防，所幸現在有地震警報系統，手機傳出有地震發生的狂響時，謹記快跑到室外空曠處、或躲避在室內安全位置。

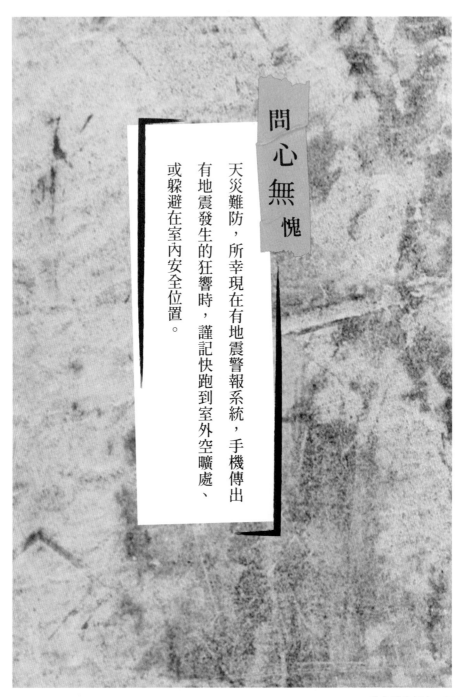

附録

報你知

何謂凶宅？01

「凶宅」是指曾經發生他殺、自殺、意外枉死等非自然死亡事故的屋宅，在日本被稱為「事故物件」，在韓國則被叫做「凶家／흉가」。

目前在台灣的法律上，對於凶宅並沒有嚴謹明確的規範。一般而言，在屋宅內有人被殺害身亡，或發生燒炭、上吊、跳樓、割腕等自殺身亡事件的建築物，均屬凶宅。

按內政部「不動產標的現狀說明書」第11項內容，在賣方產權持有期間，於其建築的專有部分（包括主建物及附屬建物），曾發生凶殺或自殺而死亡的事實，及在專有部分發生像是跳樓等求死行為致死，就算凶宅。

不過，建築物有時發生自殺事件也不一定會變成凶宅，主要的界定通常為發生地點與陳屍位置，例如一棟大樓發生了跳樓身亡的意外，有人從事發樓層單位往下跳，如果墜落到樓下露台（陽台），事發單位與陳屍處單位這兩戶均屬凶宅；但若是掉落在大樓公共區域，像是天井、中庭，或大樓外的人行道、馬路上，則僅有事發單位爲凶宅，其他都不算。

此外，建築物如果曾發生他殺、自殺、一氧化碳中毒等非自然死亡意外，在進行不動產交易時，賣方須事先告知，買賣資料上也要如實登載。但若是發生在家中病逝、猝死等自然死亡事件，就算死亡了一段時間才被發現，該住宅也不能算是凶宅。

在台灣，較爲人知的凶宅有新北市林口區林清岳弒親案凶宅（1998年）、彰化縣二林鎮洪若潭滅門案凶宅（2001年）、台中市龍井區食人魔陳金火殺人案凶宅（2003年）、花蓮縣吉安鄉5子命案凶宅（2006年）。

如何避免買到凶宅？02

民衆買房都希望買到吉屋，期待入住之後闔家平安，但畢竟購屋不是買菜，房價從數百萬到數千萬元，要買到好房子，首要之務就是避免買到凶宅，以下幾點爲購屋趨吉避凶之道：

一、**調查物件資訊**

除委託有信譽的合法房屋仲介業者找房子，自己也要做功課，想了解物件是否爲凶宅，不妨上「台灣凶宅網」、「J2H凶宅網」等網站搜尋瀏覽，或到住商不動產的凶宅查詢網頁，輸入縣市、行政區查看。

二、**切勿貪便宜**

天下沒有白吃的午餐，購屋前先了解一下欲購區域的房市價格區間，及實價登錄資料，正常的房屋交易都有合理價格，看到低於市價過多的物件，不要見獵心喜，先比較該區同類型屋宅的價差與原因，再來衡量是否出手。

三、注意關鍵字

房屋出售廣告等相關資訊上，如果出現燒烤屋、晴天娃娃屋、或小飛俠屋等字眼，代表該戶爲凶宅。燒烤屋表示屋內曾有人燒炭自殺、晴天娃娃表示曾有人上吊、小飛俠屋則指此處曾發生跳樓，通常這類房子售價都會低於行情許多。

四、實地走訪鄰里

不要偷懶，找時間直接去一趟物件所在地，與左鄰右舍、街坊商家聊聊，了解欲購屋宅的歷史與背景，也可拜訪鄰里長諮詢該戶狀況，若有疑慮，亦可赴當地轄區警所查詢。

五、詢問鑑價銀行

若已準備好要購屋，可詢問該物件的鑑價銀行，如果屋宅曾發生事故意外，通常銀行方會備註。

六、詳閱不動產說明書

上面會詳實記述房屋全部狀況，包括是否曾發生非自然死亡事件；若內容登載不實或屋主、房仲隱瞞，買方可依此提起訴訟求償。

買到凶宅怎麼辦？03

如果事與願違，不慎買到了凶宅，那該怎麼辦！首先要提醒大家的是，畢竟還是會有些沒良心的屋主，找人頭（通常是親朋好友）將凶宅做假買賣出售給對方，先完成一次交易，利用這種方式洗白後，再將事故屋宅對外出售。

一、**解除交易契約**

如果確認了購買的房子曾發生他殺、自殺或意外身亡等事故，只要是死在屋內（包括附屬建物）都算是凶宅，一般情況下都能解除交易契約，原屋退回，拿回買方購屋的款項。但若是人死在中庭、頂樓或屋外等公共區域，便未必能解除交易契約。

二、**退還部分款項**

雖然發現買到了凶宅，但有時買方仍願意保留，此時可要求賣方降低售價，退回部分款項，凶宅的行情視當時事故的嚴重程度而定，通常最低可降至正常房價的5成，否則一般在7折上下。

假如是透過訴訟的方式，則需要經過鑑價來評估凶宅目前的價值，對照當地正常的房市行情，以兩者間的差距來作爲退款金額的依據。

三、**請求損害賠償**

買方於購屋後，如果發現賣方蓄意隱瞞所售物件是凶宅，在不動產說明書中登載不實，或曾說謊掛保證，自稱所受物件並非凶宅，若已超過上述兩點的時限，買方可在交屋後15年內，向賣方請求損害賠償。假如買方掌握了賣方故意隱匿的證據，還可按刑法向對方提起詐欺得利罪。

屋宅格局04的風水禁忌

安九因負責處理凶宅打卡單元，採訪過許多風水老師，加上自己也買賣過幾棟房產，按照經驗，買屋時第一次走入的感覺最重要。

畢竟屋子是自己在住，一進室內感覺舒適通風，大門沒有正對浴廁、廚房或鏡子形成入門煞，客廳明亮開闊，臥室有對外窗，就及格了一半。以下也整理分享一些屋宅風水禁忌，提供大家參考：

一、**避免穿堂煞**

購屋時，格局上要避免大門對著後門，動線成直線的穿堂煞，最好有玄關作為緩衝，大門口也應避免直對著住宅內的走廊，如同穿心劍，但可透過設計假牆、放置屏風、裝設櫥櫃阻隔來化解。

二、**注意對門煞**

室內格局最好不要門對門，除非改門換方位，否則兩間臥室門相對、臥室正對著衛浴或廚房門口、衛浴與廚房門對門，風水上易有口舌之爭與病痛，且缺乏隱私、易受濕氣與油煙侵擾。

三、客廳格局的禁忌

客廳重採光通風、格局方正，不宜位於地下室，地板務求平整、忌高低不平；進門客廳的對角線爲財位，不宜有凹凸與太多窗戶，亦勿放鏡子，以免露財。室內門口上方最好也不要有大梁穿過。

四、臥室等其他空間

臥室門忌諱正對大門口，床鋪位置勿緊挨著浴室或廚房，床頭上方宜淨空。另外，衛浴與廚房的位置要避免位於屋宅中央，而在整體上，屋宅的格局最好不要「房大於廳」，住家窗外也不要有太多遮蔽物影響視線。

全台凶宅打卡 / 安九夫人著 . -- 初版 . -- 臺北市：時報文化出版企業股份有限公司 , 2024.3
240 面 ; 14.8×21 公分 . --（INTO 叢書 ; 69）
ISBN 978-626-374-656-5（平裝）
1. CST：刑事案件　2. CST：報導文學　3. CST：臺灣
585.8　112019653

INTO 叢書 69　全台凶宅打卡

作者　安九夫人
美術設計　胡祖維、王士銓（仨咖多媒體設計工作室）
插畫　仨咖多媒體設計工作室＋Midjourney
內頁完稿　藍天圖物宣字社
校對　簡淑媛
行銷企劃　鄭家謙
副總編輯　王建偉
董 事 長　趙政岷

出 版 者　時報文化出版企業股份有限公司
108019 台北市和平西路三段 240 號 4 樓
發行專線　(02)2306-6842
讀者服務專線　0800-231-705．(02)2304-7103
讀者服務傳真　(02)2304-6858
郵撥　19344724 時報文化出版公司
信箱　10899 台北華江橋郵局第 99 信箱

時報悅讀網　http://www.readingtimes.com.tw
電子郵件信箱　ctliving@readingtimes.com.tw
藝術設計線 FB　http://www.facebook.com/art.design.readingtimes
藝術設計線 IG　art_design_readingtimes
法律顧問　理律法律事務所 - 陳長文律師、李念祖律師
印刷　勁達印刷有限公司
初版一刷　2024 年 3 月 15 日
定價　新台幣 520 元

ISBN 978-626-374-656-5
Printed in Taiwan

時報文化出版公司成立於一九七五年，並於一九九九年股票上櫃公開發行，
於二〇〇八年脫離中時集團非屬旺中，以「尊重智慧與創意的文化事業」爲信念。